孩子是一粒种子

高华美◎著

安徽师范大学出版社
ANHUI NORMAL UNIVERSITY PRESS

·芜湖·

图书在版编目(CIP)数据

孩子是一粒种子 / 高华美著.—芜湖:安徽师范大学出版社,2023.5
ISBN 978-7-5676-6126-4

Ⅰ.①孩… Ⅱ.①高… Ⅲ.①家庭教育 Ⅳ.①G78

中国国家版本馆CIP数据核字(2023)第055621号

孩子是一粒种子

高华美◎著

责任编辑:孔令清　　　　　　　责任校对:辛新新
装帧设计:王晴晴　冯君君　　　责任印制:桑国磊
出版发行:安徽师范大学出版社
　　　　　芜湖市北京东路1号安徽师范大学赭山校区　　邮政编码:241000
网　　址:http://www.ahnupress.com/
发 行 部:0553-3883578　　　5910327　　　5910310(传真)
印　　刷:安徽联众印刷有限公司
版　　次:2023年5月第1版
印　　次:2023年5月第1次印刷
规　　格:700 mm×1000 mm　　1/16
印　　张:15.5
字　　数:210千字
书　　号:ISBN 978-7-5676-6126-4
定　　价:48.00元

凡发现图书有质量问题,请与我社联系(联系电话:0553-5910315)

序

从事教育工作近三十年，为人母也二十多年了。二十多年的为人母的生活，我是颇有感触的，其中感触最深的就是孩子的教育问题。我经历了自己孩子的成长过程，也目睹了很多其他孩子的成长过程，有一件事越来越清晰，那就是孩子成长背后家长的教育思想和教育方式对孩子影响很大，家长在孩子的成长中起着不可替代的重要作用。

看到孩子们的表现，我们往往会想到孩子们的父母和家庭教育。作为一名教育工作者，我曾认为社会上的不良道德现象、违法行为等，主要在于一些人缺失良好的学校教育，后来我逐渐意识到，产生这些问题有很大一部分原因是一些人缺少良好的家庭教育。

教育堪比种庄稼。孩子亦如种子，只有给他们提供合适的"土壤""水分""阳光"等这些生长的必须条件，他们才能茁壮成长，成为人格健全并对社会有用的人才。这就需要家长不断去探索孩子成长的规律及身心需求，就像农民要懂得庄稼的生长规律和生长条件一样，家长必须做一个先于孩子成长的陪伴者。

《中华人民共和国家庭教育促进法》于 2022 年 1 月 1 日起施行。该法律的实施具有历史性的意义，从此把教育孩子从"家事"上升到了"国事"的高度，这是从根本上抓教育的一个重大决策。该法

律的实施是为了发扬中华民族重视家庭教育的优良传统，引导全社会注重家庭、家教、家风，增进家庭幸福与社会和谐，培养德智体美劳全面发展的社会主义建设者和接班人。

　　家庭教育立法，会引起家长对家庭教育的重视，让家长对孩子的教育有法可依、有章可循，减少很多家庭教育问题的出现。现实生活中，家庭教育问题常从孩子的不良表现开始，例如打架斗殴、欺凌同学、逃课逃学、早恋等，这些问题产生的背后，很多时候是孩子在用叛逆的方式唤醒父母、寻求关注。

　　有这样一句话："孩子是来拯救父母的。"刚开始，我对这句话不理解，对这个观点也不太认同。随着学习的不断深入，我对这句话也有了更深入的理解。

　　大儿子的出生给我们全家带来了无尽的欢乐，我们把他视如心肝宝贝，疼爱有加。第一次做父母，没有任何的实践经验，育儿的书也没看几本，主要靠家里的长辈传授经验，在摸索中陪伴他成长。那时，对孩子的好都是我们认为的好，很少站在孩子的角度去思考问题，很少去体会他的感受。

　　从小家教比较严格的我，对儿子的教育也是严厉有加，从做人到做事要求都很苛刻。那时，我的认识就是，遇到事情父母一定是对的，孩子肯定是错的。心中总觉得为了孩子付出了很多的心血，所以，当孩子的表现达不到自己的标准与要求时，便认为与自己的付出不成正比，内心就会无比气愤和无奈，还会把这份情绪发泄到孩子身上，但孩子并不买我们的账，以至于我的挫败感一次次重现。

　　曾经，我感到身心疲惫。2014年暑假，我拉着行李箱外出学习，去参加庄汝伟老师的"快乐妈妈读书会"。那次学习是我人生中一个非常重要的转折点，我意识到很多家庭教育问题的根源在于我，而不是孩子。

理论和实践总归是两回事，在外面学习信心满满，回来面对实际问题时又很茫然。看来，改变惯有的行为模式和思考习惯还是很有难度的，但有一点进步值得肯定，那就是真正具备了一定的觉察能力。随着学习的不断深入，我越来越能准确地体会大儿子的感受，对他有了更多的理解。

再后来，大儿子不会再因为他的倾诉得不到理解，或是因为我的不合时宜的说教而感到痛苦。我允许大儿子适时地发泄情绪，允许他低落，允许他按照自己的节奏走他的人生之路。我也相信大儿子有属于他自己的美好人生。所以，与其说大儿子在长大，不如说是我得到了更好的成长。

再来说说小儿子。有了陪伴大儿子的经验和教训，在小儿子出生之前，我阅读了很多育儿书，如蒙台梭利、李跃儿、孙瑞雪、小巫等著名育儿专家的著作，心中多了一些育儿的底气。我要让孩子拥有一个健康的体魄和愉悦的童年，并告诉自己，不要对孩子作过高的期望和要求，多对自己提要求。

在小儿子的成长过程中，我们经常带他到大自然中接受熏陶，加强体育锻炼，给他提供探索的机会，支持他的各种发现和探秘，于无形中培养了他的专注、执着和坚持的精神。我发现，只要我们尊重他的想法，给他更多自由自主的空间，他会很懂道理，也很会判断什么事该做，什么事不该做，更具有规则意识。

在他四岁时，有一天吃中午饭，他看我喝粥没有汤匙，便主动给我拿来一个，我对他说："谢谢。"当我们给他提供帮助时，他也会主动和我们说"谢谢"。小儿子今年六岁多了，在陪伴他的这六年多的时间里，我感觉很轻松、很快乐、很幸福，他时常给我们带来很多惊喜。

　　感谢我的孩子们选择我做他们的妈妈，让我有了成长动力和人生目标，还给了我弥补过失和学以致用的机会。

　　这本书是写给我自己的，我也想用这样的方式送给我的孩子们一个别样的人生礼物。

前　言
——相信种子的力量

　　说起什么动物力量最大，一种说法是非大象莫属了，为什么这么说呢？因为它可以把一棵大树连根拔起。再一种说法是蚂蚁，因为蚂蚁能拖走比它自身大几倍的食物。也有人说种子的力量是最大的，因为不管是在山涧里、夹缝中还是石头底下，种子总会在某一时刻露出看似柔弱的嫩芽，在阳光下微笑，在微风中舞蹈，那么潇洒，那么自如。我们不得不佩服种子顽强的生命力，也不得不相信种子拥有强大的力量。

　　曾经给小儿子买了一本绘本叫《安的种子》，第一眼看到这本书时，就毫不犹豫地买下来了，读完后，我触动很大。即使这本绘本放那里很长一段时间都没有再看，但书中的内容和图画一直在我脑海里浮现，而且越来越清晰。

　　在写这本书的时候，我又想到了这个绘本故事。当再来细细品读回味的时候，我的内心有一种出奇的宁静和温暖。

　　绘本封面上是一个名叫"安"的小和尚，在大雪纷飞中，他手捧一颗种子，正凝神注视着。显然，他得到了一颗珍贵的种子。

　　这个绘本故事虽说是给孩子读的，但我觉得也很适合家长看。书中的三个小和尚（本、静、安）可以代表三种家长的心态：急功近利、过分宠溺和恬淡自然。

现实中很多人选择做小和尚本，也有很多人选择做小和尚静，但是他们都没有考虑到那颗千年的莲花种子最适合在春天种下，他们急于求成，违背了种子发芽的自然规律。

当我读完绘本故事继续往后翻看的时候，发现还有"名家赏析"，赏析的文章名是《一个关于"等待"的故事》，内容大概是：本很急躁，想抢头功，在寒风中把种子种在雪地里，结果种子冻死了。静把种子种在花盆里，珍藏在屋中，运用知识，加以人工保护，这种过度保护，虽然种子发了芽，但最终也死掉了。这与部分家长的心态是多么吻合呀：给了孩子需要的，但并不是孩子想要的，结果当然也是不如意的。

这本绘本的文字创作者是王早早，是一位儿童文学家。她在绘本中写道她创作的初衷源于一位朋友的孩子。

我有一位朋友，给她三岁的小妮报了英语、绘画、舞蹈、陶艺、全语言、逻辑思维、心算等兴趣班。孩子每天清晨送去上幼儿园，晚上、周末上兴趣班。周六早晨，别的孩子可以睡个饱觉，小妮不行，她得早早起来去上舞蹈课；下午还有绘画课；晚上回到家里，还要压腿练功。

小妮很乖很懂事，知道父母挣钱不容易，把钱都花在给她上课上，是为她好。她很自觉，很努力，从来不说一句"我不想去"。

五一假期，别人都在休息，可是小妮的舞蹈课直到晚上八点多才结束。

夜里两点钟，小妮做噩梦，尖叫着哭醒。头很烫，体温达到39.6℃。送到医院，医生说，孩子太累了！

读到这里，我很心疼孩子，想想自己又何尝不是这样的呢？同时，我在本和静的身上也看到了自己的影子。

2000年我拥有了第一粒"千年的种子"，也就是我的大儿子。很多时候我都是在盲目地栽培，让这粒"种子"的成长历经了很多困难。回想起来，我很自责，也很愧疚，因为自己的无知，曾给他带来很多伤害。所以，我现在不断地读书学习，在不断反思中弥补着我的过错，让这粒"千年的种子"得到营养补充。

父母都希望自己的孩子将来有大好前程，于是有些父母急着给孩子报兴趣班、补习班……孩子们很小就被逼着学这学那，不堪重负。有的孩子小小年纪就变得老气横秋，失去了本该有的那份天真、活泼和快乐。

绘本中作者给出了这样的发问："这样做，真的对孩子有好处吗？这个，是不是在拔苗助长呢？我们的家长，为什么都这么急躁呢？"

这让我想起了一句话"不能让孩子输在起跑线上"。"不能让孩子输在起跑线上"，这句话给很多家长带来了焦虑。可以说，从幼儿园起，不少家长就用尽全力给孩子报各种各样的兴趣班、补习班，就怕自家的孩子落后了。

因为不少父母对这句话有误解，所以他们的孩子为之付出了成长的代价。有的孩子一两岁就开始认字，三四岁学琴、学画画、学英语等，父母千方百计让他们上所谓最好的幼儿园、最好的小学，似乎孩子如果起跑没跑好，这一辈子就输定了似的。殊不知，有的孩子可能赢在起跑线上，但输在终点线上。最为明显的例子就是，有一部分家长在给孩子选择幼儿园时，不以幼儿园的育儿理念为准，而是以幼儿园学不学知识和技能为准，这是一种非常错误的认识。

还有些父母焦虑：如果孩子不提前学习小学知识，上一年级就

跟不上了。于是，他们看到有幼儿园教算术、识字、拼音就高兴得不得了。我知道有不少孩子因为写拼音、写汉字、算数学而难得直哭，但是家长并没有理会，没有考虑孩子的接受能力，而是强加于他们，这样孩子怎能爱上学习？不仅如此，父母的这种过度焦虑会给孩子带来沉重的心理负担。

再回到《安的种子》。

"在什么年龄做什么年龄的事，谁都明白。可是，我们为什么不能给这些幼小的生命一个正常的、宽松的成长环境呢？我们为什么不能尊重更深层次、更自然的生命成长规律呢？"对于作者这一连串的发问，我能感同身受，尤其是孩子的被动成长和家长的焦虑不安，归根结底是家长对孩子的成长心里没有底气，不了解自己的"种子"，不了解他们的特性和生长规律，所以才会在不合适的时候过度"浇水"、过度"施肥"，有时候还会拔苗助长。这些家长自以为付出很多，所以当种子没按预期生长时，他们就会很无奈、很着急，甚至很生气地认为：我的种子怎么这么不争气？或是严重怀疑：这就是一粒不理想的"种子"。但有多少家长会有这样的反思：我用心对待这粒种子了吗？我的方式方法正确吗？

带着这些问题，我们一起来探寻一下手中这粒种子的成长规律吧！

独具一格成特性

《早期教育与天才》一书中认为："孩子潜能的发展遵循着一种绝不可逆的递减规律。比如，生下来具有100分潜能的孩子，如果从刚一出生就开始对他进行合理的教育，坚持下去，他就可以成为具有100分能力的人；若从5岁才开始教育，即使是公认为很优秀的教育，他也只能成为具有80分能力的人；若从10岁开始教育，他就只能成为具有60分能力的人了。也就是说，教育开始得越晚，孩子最终所能发挥出来的潜能就越少，这就是潜能递减规律。"当然这里的教育和前面提到的提前学习有着本质的区别。

儿童对周围的环境有一种特殊的敏感性，这种感受能力使他们能够观察和认识周围事物，并且逐步适应周围环境。儿童的这个特殊的学习过程，是在无意识中完成的。我们必须要了解儿童是通过适应周围环境来建立自身性格的，因此他们要充分和完全地接触周围环境。

说到儿童的独特性，我特别想说说遗传基因的独特性，有些家长对这一独特性视而不见，对孩子作统一要求，盲目攀比。在此，有一俗语可以直观地解释基因的独特性，即"龙生龙，凤生凤，老鼠的儿子会打洞"。

有哲学家说过：世界上没有完全相同的两片树叶；人永远不可能踏进同一条河流。我记得小的时候，母亲经常对我说的一句话："千人千性格，万人万脾气。"很佩服学问不高的母亲有这种辩证思维。之前，听到这些话时，只是过耳听听，没有深究，今天谈到孩子的教育问题时，我觉得有必要多说几句，便于父母更好地了解孩子、理解孩子。

人与人不同，各具特点。孩子最初的差别或者独特性，也许就是遗传基因的独特性。这一点比较好理解，一是相貌差别，我们用眼睛就能看出人的相貌差别，即使是双胞胎，也会有细微的不同之处。二是性格差别，这一点孩子的父母感受最深，非常清楚孩子遗传了父母哪些方面的特点。三是智力区别，根据人类遗传学原理，人的智力在一定程度上受遗传影响。

内在驱动成自然

孙瑞雪老师在《完整的成长》中写过一段话，大体意思是：一个人的成长过程，应当是他正常的幼年、童年、少年、青年、壮年、中年和老年等几个不同的时期。不同年龄段，有不同年龄段自身的任务。这些任务一般都是与该年龄段的生理、心理和智力发展水平相适应的。我们应当在孩子处于什么年龄段，就让他们去干什么年龄段的事，不能人为地去破坏他、改变他，让他们去干那些超过他们年龄段的重任。如果我们在教育孩子的过程中人为地去破坏、改变这个人自然成长规律的话，那很可能最终将受到孩子的自然成长规律的惩罚，对孩子和家长都会造成极大的伤害。

在这里，我想问问有些家长："你是否真懂孩子？你是否想去懂孩子？"种庄稼，我们要遵循节气规律，弄懂种子的特性、生长需要的条件，用心呵护其生长。假如有一棵幼苗没长好，农民就会很心疼、很自责，而不是去抱怨那棵没长好的幼苗。家长能不能像农民对待幼苗一样对待自己的孩子？去探寻一下孩子从小到大的身心发展规律是什么？陪伴孩子成长，父母应该准备些什么？所以，在陪伴孩子成长的过程中，若发现孩子出现问题了，我们一定要学着控制情绪、学会倾听，冷静面对，然后去寻找方法解决问题，而不只是一味地抱怨孩子。

在孩子的童年时期，如果强迫孩子背上超出其年龄段的重负，这必然要牺牲孩子适合其年龄段发展的必要活动和应该享受的快乐与感受。

孩子一出生或者说从孕育开始就具有了自然成长的力量，他自己的内在需要怎样发展，我们不知道。但孩子如果想要按照自己内在的"密码"形成独特的自己，就必须执着、坚持，不受外界的干扰，按照自己的方式去探索世界和认识世界。

我国古代有一个著名的小故事正好可以说明这一点。

惠施和庄子都是魏王的好朋友。一天，魏王分别送给他俩一些葫芦种子，对他俩说："你们把这些种子拿去种在地里，会结出很大的葫芦。比比看，你俩谁种的葫芦大，到时候我还有奖赏。"

惠施和庄子都高兴地接受了，并将其种在地里。为了能种出比庄子更大的葫芦，惠施非常用心，每天都施肥、除草。庄子的葫芦就种在离惠施不远的地方，从未见施肥、除草，只是偶尔来看看，见没什么异常，就做别的事去了。

没过多久，惠施的葫芦苗一棵一棵地相继死去，最后，一棵也没成活。而庄子的葫芦苗却长得格外好，慢慢地，都开了花，结了果，而且，正如魏王所说的那样，长出的葫芦都很大。

惠施觉得很奇怪，就跑来请教庄子："先生，为什么我那么用心栽培，所有的苗都死光了，而您从来都不曾好好地管理它们，它们怎么会长得那么好呢？"

庄子笑着答道："你错了，其实我也是用心管理的，只不过与你的方法不同罢了。"

"那你用的是什么方法呢？"

"自然之法呀！你没见我也要去地里转转嘛！我是去看看葫芦在地里是不是快乐，如果它们都很快乐，我当然就不去管它们啦。而你却不管它们的感受，拼命地施肥，哪有不死之理啊？"

"这么说来，是我害了它们？"

"就是爱！你的用心是好的，可是你不用自然之法，怎么可能得到自然万物的青睐呢？"惠施恍然大悟，才知道原来是自己过分悉心的照顾害了葫芦。

孩子恰似故事中的葫芦种子，我们要遵循他们自身成长的规律，他们才能自然地健康成长。

那么孩子的生长规律都有哪些呢？孩子的身体成长规律，我想大家都比较了解。这里，我们谈谈孩子的精神需求。

实际上，人在胎儿期就具有精神需求了。有研究表明，外界的噪声会给胎儿造成一定的影响，会使胎儿烦躁不安，所以怀孕期间，孕妇要保持心情愉悦，多听胎教音乐，处在一个温馨的生活环境中，才有利于胎儿更好地成长。有儿童教育专家认为：过去的教育都是从孩子会讲话的时候开始，但是这种教育已经迟了，因为在孩子会讲话以前，他就已经获得了比用语言传授更多东西的技能。所以，教育孩子的最好时机，是无限接近零岁的时候。

在成长过程中，儿童体内有一股力量起着重要作用，让儿童不断地完善自己，克服前进道路上的各种困难，使他们朝着自己的目标不断努力。这种力量理论就是北帕西·纳恩先生的"有目的的行动"理论。我们可以将这种力量视为一种自然的推动力、一种进化的原动力。如果儿童的正常成长没有受到任何干扰，儿童就会以一种充满活力、愉悦的方式成长。

曾听同事说起他们的孩子，早在30年前农活比较多时，根本没时间照看孩子，于是在孩子几个月时，就把他们放在一个篓子里，带着他们一起去干农活。孩子到了一周岁左右，没有任何人的帮助，自然就会走路了。这就是自然成长的力量。

孩子内在有很多方面的成长力量，这些力量可以使儿童在成长过程中做出各种行为。如果我们能对儿童的自然成长给予足够的关注，儿童就会逐步实现独立。

尊重自由显灵性

人类是喜欢自由的动物，只有自由地使用自己的心智和能力，才能感到愉悦。孩子越是能得到自由的发展，他们的身心机能才会发展得越健全。除去各种束缚，我们要让孩子在恬静的状态下生活，让他们始终处于最大限度的不被打扰之中。

自由有两种，一种是外在的自由，一种是内在的自由。先来说说外在的自由。"天高任鸟飞，海阔凭鱼跃"，意思是说大自然的广阔无边为鱼跃鸢飞提供了宽广的空间。想一想，鸟儿和鱼儿在这样广阔的空间生活，是多么的自由、快乐与幸福。自然界的任何一种动物，都向往自由，就连生长在石头底下的种子，都要想方设法摆脱石头的压制，顽强地生长出来，更何况是天真烂漫的孩子呢？

孩子天生热爱自由，他们对自由的渴望不亚于对自己生命的尊重。诗人裴多菲说："生命诚可贵，爱情价更高。若为自由故，二者皆可抛。"随着孩子自我意识的增强，他们会越来越努力地为自己争取自由。

在这里，我想起了以前带孩子去动物园的情景，有一次看完动物后突然产生了一种不一样的情愫和感受。动物园的动物看似住在一个宽阔的空间里，在一定的范围内快乐地踱来踱去，但看着都不协调，尤其是大象，难以自由地奔跑。

那一次，我和孩子还在动物园里看了一场海狮表演，海狮随着驯兽员的口令表演各种动作，引来了阵阵掌声，而我却笑不起来。我突然意识到，海狮几乎失去了它的本性。站在动物的角度看待问题，我心里感到非常难受，有一种再也不想去动物园的想法。

那么孩子呢？老一辈的家长有不少育儿的陈旧观念：孩子出生

后要"睡头"，即为了让孩子有一个好头型，只允许孩子平躺着睡；为了让孩子有一个好体型，月子里要把孩子的手脚包裹好，不能乱动；等等。这些不科学的做法，让孩子的内心是多么的挣扎，想想都让人心疼。当今社会，孩子的安全教育是头等大事，为此，孩子们也失去了很多自由与快乐。回想一下自己小时候，放学、周末及假期和小伙伴一起满村子里乱跑、捉迷藏、骑自行车、采蘑菇等，写到这儿，我仿佛已经回到小时候的欢乐之中了。再看看现在的孩子，和小伙伴一起自由玩耍的空间和时间都很有限，随着电子产品的更新和多样化，有些孩子也慢慢地学会了蜗居，很少有机会去体验那种无拘无束、疯狂玩耍的美好滋味。

在网上看到一个孩子写了这样一篇文章：

记得有这样一天，终于结束了一切考试，妈妈给了我一天的自由，她让我想干什么就干什么。可我并没有选择玩耍，我只是找了一块草坪，静静地没有约束地躺下，把双手枕在后脑壳下，仰望着那湛蓝湛蓝的天空，看着空中自由飞翔的小鸟。一阵温暖的微风从我的脸上吹拂而过，抚摸着我的脸颊，掀动着我的头发，我感觉是那样的轻松自在，是那样的舒心惬意，我的一颗紧绷着的心终于放松了、陶醉了。我不由得闭上眼睛感受着这一切，我想，明天我要怀着今天得到的自由、悠闲和舒适投入学习中去，因为这一切才是我成长中不可或缺的。

我们应该让孩子充分地享受大自然的馈赠，尽情地探索，快乐地玩耍。

在《爱和自由》这本书中有这样一句话："一个没有玩过水、玩过沙，没有领略过大自然的美，没有和同伴追逐嬉戏过，没有发自内心大笑过的孩子，虽然浑身披挂着知识，却可能离真实、幸福很远。"

在大自然中，孩子会汲取大自然的精华，滋润心灵，更有灵性。所以，如果有时间、有机会，我们要经常带孩子领略祖国的大好河山和各地的风土人情，这将是孩子一生的宝贵财富。

有人说，只有在自由的氛围中，人的头、耳、鼻才能进入最完美的发育状态；只有自由，才能让孩子的性格、智力与情感在最大程度上得以发展。所以，我们要让孩子做一个有灵魂、有思想的人，而不只是学习的机器，只有这样，孩子们才能健康快乐地成长。

目　录

1

目
录

第一章
遵循生命的规律

孩子有其成长的独特性，也有其成长的规律性，家长只有明白孩子的成长规律和相应年龄段的心理特点，才能让孩子身心更加健康。孩子在成长过程中，有一个很重要并且是独有的成长阶段——敏感期。这一时期，对孩子一生的成长起着至关重要的作用。

一　敏感期

　　记得大儿子四岁的时候，有一个夏天的上午，我给他买了一根雪糕，他一直拿着，舍不得吃。为了检验一下孩子是否大方，我说我想吃一口，可是，无论怎么说，他都舍不得让我吃。我就想：这孩子怎么这么自私呢？这还了得，我得从小培养他孝顺的品质。于是，我就强行咬了一口，结果，他哭了，气得把雪糕重重地摔到地上，而且非让我重新买一根。我也很生气。后来我才知道，原来孩子那时正处于敏感期。

　　那什么是敏感期呢？这是作为家长和老师及其看护人，不可不知的育儿知识。

　　儿童敏感期是指儿童在连续相接短暂的时间里，会有某种强烈的自然行为。在这期间，对某一种知识或技巧有着非常的感觉。敏感期的出现使孩子对环境中的某个层面有强烈的兴趣，几乎掩盖了其他层面，并且处在这个时期的孩子会出现大量的、有意识性的活动。在敏感期内恰当施教，事半功倍，能迅速提高孩子的心智水平。

　　每一个敏感期都很短暂，并且在特定的敏感期中，孩子只对一种特定的知识或技能感兴趣，然后经过这个时期兴趣点就会消失，几乎不会再在某个时期出现相同的兴趣点，产生同样强烈的兴趣感。如：荷兰生物学家德弗里斯在一些动物身上发现了"敏感期"，最著

名的是蝴蝶幼虫的实验。幼虫最初几天不能吃大叶子，只能吃树枝尖端的嫩叶，但是蝴蝶妈妈为了安全会把卵产在树干与树枝的交接处，那么幼虫怎么去找适合自己的食物呢？原来幼虫对光很敏感，光可以吸引幼虫去树枝顶端，那里有正在发芽的嫩叶。惊人的是，一旦幼虫长大能吃大叶子时，对光的敏感期一过，它对光就不再敏感了，这种本能就会消失。

与动物相似的是，儿童身上也存在着很多敏感期。敏感期来临时，要有相应的活动来配合或培养他们，才能使得敏感期的能力真正地发展起来。

视觉敏感期

在孕婴店里或书店里，我们会看到一些黑白字卡，这是专门为刚出生不久的婴儿准备的，因为孩子的第一个敏感期就是视觉敏感期。

视觉敏感期伴随着新生儿的呱呱坠地而到来。一些真实的案例表明，如果遮挡新生儿的眼睛，使其不接受外界光线刺激，那么一段时间后就足以让新生儿的眼睛失明，即使在生理上是完全正常的。

一个名叫托蒂的意大利男孩，他有一双让当时所有顶级眼科大夫都困惑的眼睛，因为眼科大夫多次会诊都得出相同的结论："从生理上看，这是一双完全正常的眼睛。"但托蒂就是看不见。

经研究发现，问题不是出在孩子的眼球上，而是因为托蒂出生后不久，眼睛因轻度感染被绷带缠了两个星期，最后感染治疗好了，但是对刚刚出生、大脑正处于发育关键期的托蒂造成了极大的伤害。

婴儿在刚出生时，大脑各方面快速发育，眼睛由于长时间没有接受外界光的刺激，原来为这双眼睛工作的大脑神经组织就随之衰退了。

托蒂的悲剧在于错过了眼睛感受光的敏感期。所以，在孩子出生后，我们要抓住他人生发展的第一个重要阶段，积极对他进行视觉激发，让他顺利度过视觉敏感期，这也是为他未来能够有能力认识自己、认识世界打下良好的基础。于是，在小儿子出生后，我们第一时间用小红球对他进行了追视练习，就是不想错过这个视觉敏感期。

口腔敏感期

孩子出生几个月后，会有吃手的行为，通常情况下，我们会因为觉得不卫生而把孩子的手从嘴里拿出来，但刚给他拿出来，他就会执着地再把手放进去，并且会逐步地把一根指头甚至整个小手都放进嘴里。家长为了不让孩子再次吃手，会拿住他的小手，或者给他戴上小手套。

殊不知，这正是孩子的口腔敏感期阶段，是孩子用口来探索世界的时期。正确的做法是我们把孩子的小手洗干净，不阻止他探索世界。听家里的老人说："孩子手上有蜜，让他吃吧。"这种说法也恰好无意中尊重了孩子的口腔敏感期。

随着孩子慢慢长大，孩子会把玩具放到嘴里不停地啃，会把他感兴趣的东西都放到嘴里进行尝试，来满足自己的探索需求。在这一时期，我们尊重了小儿子的这一敏感期，他不仅吃手吃得很嗨，吃小脚丫也很投入。懂得孩子有这一成长阶段的家长会尊重孩子这一时期的行为，孩子就会顺利度过这一时期。

如果口腔敏感期被强行干涉，孩子用嘴探索世界的欲望就会被压制，将来可能会出现一些与嘴有关的不良习惯，如经常吐唾沫、

啃手指、吮吸嘴唇等，都有可能是口腔敏感期没有得到满足而留下来的问题。

手的敏感期

口腔敏感期需要手的配合，在不断使用手的过程中，婴儿发现了自己的手，他们的注意力和感觉的重心从口转移到了手，这使得孩子急切地要用手去感受事物，不断扩大感知事物的范围。所以孩子在某一阶段特别喜欢用手抓东西，见了什么都想去抓，特别是像面条、香蕉、草莓这些软的、黏的食物，孩子会抓得稀巴烂，而且乐在其中。出现这种情况时，有的家长会打孩子的小手，说弄得脏兮兮的，还浪费食物，因为家长教育孩子总是有"理由"的。在这一时期，孩子还喜欢扔东西，给他捡回来，他再扔出去，如此反复，来满足他这一敏感期的发展。

为了迎接小儿子手的敏感期的到来，我们给他准备了几个玩水的喷壶、杯子、瓶子等工具，供他自由玩耍，有时候他能蹲在地上玩耍半个小时以上。这期间，他不停地把水倒来倒去，用一个小杯子把饮料瓶装满水，再把水倒出来，来来回回，每次玩耍都有二十几次。这一过程看似简单重复，但对手臂大动作、手部精细动作的发展都有很大的帮助，同时孩子高度投入地玩耍，对其专注力的发展也是很有益处的。

童年期对手的锻炼非常重要，错过了手的敏感期，不仅影响孩子动手能力和精细动作的发展，还会影响其大脑思维的发展，而灵巧的双手往往和聪慧的头脑紧密相连。

手的敏感期，家长到底应该怎么做呢？撕纸，对手的敏感期来说是很好的游戏。家长可以准备各种材质的纸，如卫生纸、杂志纸、面巾纸等让孩子体验。也别怕弄脏衣服，让孩子学着自己动手吃饭，黏软的食物是孩子手的敏感期最感兴趣的东西，他们通过抓捏感受不同食物的质地，体会独立进食的乐趣。还有家里的抽屉、米缸、衣服等，也都是孩子用手探索世界的窗口。

声音探索敏感期

孩子两岁多一点的时候，特别爱扔东西，很多孩子的小手会因为扔东西而或多或少、或轻或重地挨过打，因为家长一般会认为孩子是故意破坏东西，是调皮捣蛋的表现。为了给孩子改掉这个乱扔东西的"毛病"，家长会用各种方法制止孩子的这种行为。实际上，这是因为孩子进入了声音探索敏感期，乱扔东西是他在探究声音的来源。有小孩子看到爷爷不小心把杯子掉在了地上，杯子碎了，发出"啪"的一声，对此他充满好奇，于是他也拿起桌上的杯子扔到地上，就为了听那"啪"的一声。他一定觉得很奇怪：为什么杯子掉地上后会有声音呢？

这一时期，我们可以给孩子进行听觉刺激，如用不同音色的乐器在孩子周围的不同方位发出声音，吸引孩子去听；有计划地带领孩子去聆听大自然的声音；用嘴发出一些好玩儿的声音，比如小泡泡破裂的声音、动物的叫声等，吸引孩子的注意，引导孩子模仿；让孩子去分辨一些相似的声音或者同类型的声音，比如牛的叫声和猪的叫声有什么不一样等，从而感知声音的不同。

"洞洞"敏感期

几乎所有的妈妈都会碰到孩子对"小洞洞"充满强烈好奇的阶

段，也就是孩子喜欢抠东西、戳洞洞。我还记得小儿子就爱抠插座上的小孔，虽然他的小手伸不进去，但他经常去尝试，那一阶段，我们特别小心，就怕发生意外。

这是孩子手指敏感期的一种表现，也有人说它是"洞洞"敏感期，是孩子用手指探索世界的特殊时期。我们通常说"心灵手巧"，实际上是"手巧心灵"，孩子在用手指探索事物的时候，也是进行思考的时候，如果禁止孩子的手指活动，也就禁止了他的思考。

市场上可见"洞洞系列"书籍，比如翻翻书、洞洞书、拉拉书等套书，我想就是为了孩子的敏感期而开发的，是这一时期孩子感兴趣的启蒙图书。

空间探索敏感期

大家有没有发现孩子三岁左右时，如果看到一个纸盒，就特别喜欢坐在里面。孩子还喜欢钻到一个小橱子里，把门关上，把自己关在里面，在我们看来很不舒服的样子，他却高兴得不得了。再大一些，孩子就开始爬大衣橱，把衣服全部拿出去，自己钻进去，玩得不亦乐乎。这就说明孩子到了空间探索敏感期。

在空间探索敏感期，孩子还会通过投掷、乱扔物品等方式探索和感知空间，还喜欢爬高、钻洞、躲猫猫、跳跃，翻箱倒柜地找东西，积木垒高再推倒，走在各种高台上等。这一敏感期对孩子成长发展有重要意义，它能够帮助孩子形成许多能力，比如建立视觉空间感。视觉空间感是人类学习的依赖，发展良好的话，孩子在读书、写字时不容易出现跳行、漏字、看反字、写反字等情况。空间探索敏感期的钻、爬、跑、跳等大肢体活动有助于前庭觉的发展，有利于帮助孩子提升视、听、语言等能力。

微小事物敏感期

小儿子在一至两岁的时候，眼睛特别好，床上的头发都逃不过他的眼睛，更厉害的是，他的小手拿头发准得很，用哥哥的话说就是"弟弟捏头发稳、准、狠"。这正是孩子对微小事物感兴趣的敏感期的表现。这一时期，孩子手里总是紧紧攥着一些小东西，注意力也很容易被细小的物体吸引。一颗绿豆大小的石头、一根短短的小线头、一片指甲盖大小的纸屑、墙上的一个小洞，这些不容易引起成人注意的小东西，却对处于微小事物敏感期的孩子有着深深的吸引力。

当孩子全神贯注地观察和鼓弄那些微不足道的小东西，而对周围的热闹充耳不闻时，有些家长往往会觉得奇怪，以为孩子有什么怪癖，甚至产生"是不是得了自闭症"之类的疑问。所以，我们要学习育儿知识，懂得欣赏孩子的一些可爱的举动，对细小事物的观察与热爱恰恰是很多成人很难感受到的乐趣。

完美敏感期

想起了在同事和她孩子身上发生的一件事。那是孩子三岁左右时，妈妈用塑料袋给孩子装了一些小零食，过了一会儿，塑料袋被撕了一道口子，孩子不乐意了，哭闹着非要妈妈把塑料袋恢复原样。妈妈说了一大堆好话，哄了好长时间，孩子就是不依不饶，把妈妈气得不得了，娘俩闹腾了好一会儿。现在想来，这不就是孩子到了完美敏感期了吗。前面提到大儿子对雪糕的态度，也是他完美敏感期的一种表现。

儿子小杰处于这个时期时，他对喜欢的东西都是按照自己的意愿放置，其他人不可乱动。有一次，小杰用乐高搭了一辆小火车，爸爸看到有一个地方没放好，就帮他弄了一下，结果被他"赖"着了。他发着脾气让爸爸把移动的地方重新弄回去，可是爸爸又不小心把小火车弄散了，然后他一下子气哭了。好在我理解他正处于完美敏感期，便安抚他，并按他的要求帮着重新搭好，事情才得以解决。

孩子追求完美的心理需求是需要一段时间的，父母要有耐心，正确地教导孩子。如果这个时期孩子追求完美的心理得到满足，孩子就会自己建立起完美自律性。当孩子顺利通过完美敏感期后，他们的心智水平便会上升到更高的层面。

李跃儿老师在《谁了解孩子成长的秘密》这本书中写过这样一个故事，大体是：有一次，爷爷奶奶到孙子家里玩，孩子的爸爸午餐时烧了一条鱼，完整地放在餐盘中，上面撒了一些红色的辣椒丝，旁边还放了几片香菜叶作为点缀。鱼端上来之后，孩子兴奋不已。午餐开始了，大家都伸出了筷子，孩子急了，用手将盘子护住，急切地喊："不许吃这条鱼，谁都不许吃这条鱼！"这条鱼是作为佳肴用来孝敬爷爷奶奶的，孩子的爸爸看到儿子这样自私，不懂得孝敬老人，觉得很没面子，而且他孝敬老人的愿望也被儿子破坏了，于是怒火中烧，将鱼盘从儿子紧护着的两手中拉出来，一下把鱼夹成好几块，分别放在爷爷奶奶的碗中。孩子哭闹不止。为了一条鱼将孙子惹成这样，老人脸色也很不好看，又将鱼送回到鱼盘中，说："我们都不吃了，都给你。"鱼虽然送回来了，但孩子还是大哭不止。孩子的爸爸忍无可忍，将他抱到房间打了一顿。最后一家人沉闷地吃完了这顿团圆饭。老人临走时，沉着脸告诉儿子，不要把孩子打坏了。

中国传统的餐桌文化，讲究色香味俱全，往往在食用之前把将要吃到肚子里的菜装扮得漂漂亮亮。对于孩子来说，他还不能理解菜做得如此赏心悦目是为了让人急于吃到肚子里，或许他只知道那是一盘让人快乐的菜，这盘菜只要放在眼前，他就感到非常开心。孩子不明白自己保护这盘菜为什么会受到一顿打，因此爸爸发脾气时的脸色和打骂所带给他的伤害都会留在他的心中，成为永远的痛。他可能会认为自己是个坏孩子，认为要求一件事物的完整是不被允许的，也可能会发展成为一种心理问题。

秩序敏感期

我们经常看到有孩子在幼儿园门口哭闹。经过了解，有的是因为本来都是用汽车送到学校的，结果当天用了电动车，孩子就不下车了，非得闹着回去，要用汽车送来；有的是因为一直是妈妈送，妈妈那天突然有事，换爸爸送来上学，孩子不乐意，不愿意上学。对于孩子的这些表现，家长一般都会很生气，觉得孩子太任性，其实，这是因为孩子到了秩序敏感期。在家里，如果妈妈用爸爸的手机打电话，或爸爸用妈妈的手机打电话，对小杰来说，那是绝对不行的，他认为大家必须都使用自己的手机，这也是追求秩序感的一种表现。

孩子在秩序敏感期会有一些近乎偏执的行为，往往会对秩序的破坏产生大哭大闹等过激反应。家长要充分理解和尊重孩子的秩序感，灵活变通，可以通过拥抱、讲孩子能听懂的道理、转移他的注意力、寻找替代目标等方法平息孩子的情绪。孩子的让成人摸不着头脑的秩序敏感期，对孩子的成长有着重要的意义。当秩序得到满足时，孩子能感受到真正的平静和快乐。良好的符合预期的秩序可

以帮助孩子适应环境。事物的秩序和规律可以帮助孩子建立最初的逻辑感，提升孩子的认知能力。秩序还可以帮助孩子建立规则意识，促使孩子长大后成为遵守秩序的社会人。

秩序的破坏会给孩子带来不安全感，造成孩子思维、感觉、情绪和心理上的混乱，从而使孩子性格的发展受到不良影响。所以，当秩序敏感期到来时，我们一定要本着保护、理解、尊重、协助的态度看待孩子，给他们提供一个有秩序的良好环境，或用灵活变通的方式处理问题。

执拗敏感期

两岁至三岁的幼儿开始进入执拗敏感期。在这一时期，孩子出现了更多的不良情绪状况，因为他们还不知道自己的设想不能每次都被他们的肢体所实现。当现实的结果与他们的设想不一致时，他们就会"大动肝火"，甚至认为这个世界的万物都应该按照他们的设想来呈现。执拗敏感期具体表现为事事得依照孩子的想法和意图去办，否则孩子的情绪就会产生变化甚至发脾气哭闹。这时家长和老师要给予孩子足够的耐心和关照，要学会一些安抚的技巧。更多的时候，在不知道该如何面对孩子的执拗时，我们能做的就是先倾听，平静而安静地等待着孩子宣泄情绪，然后再告诉他如何正确处理或面对这件事。

如何帮助孩子顺利度过执拗敏感期？分析可知，执拗敏感期的存在与孩子的心理发育特点密切相关。既然如此，我们就应该明白，这是孩子成长过程中难以逾越甚至不以他们的意志为转移的阶段，我们一定要坦然地接受孩子的"执拗"，做好耐心陪孩子度过这段时期的思想准备，去理解他们。如果我们缺乏耐心，简单粗暴地处理，非常不利于孩子顺利度过这个敏感期。

儿童执拗敏感期要一直延续到三岁半之后。经过很多这样的碰壁之后，儿童会逐渐懂得事物与事物之间的关系，以及事物与人之间的关系，知道哪些是他们自己可以改变的，哪些是他们无法改变的。经过这一段时间的磨炼后，孩子也能够分清哪些物品是可以长久保留完整形状的，哪些物品是需要被使用而不能长久保留完整形状的。这也是儿童认知事物与人的关系的一个开始。

自我意识敏感期

家长照看孩子时一般会给孩子带一些饼干等小零食，还经常拿出自己家孩子的食物分给其他的孩子，这时，有很多孩子是不乐意分享的，如果成人强行分享，孩子会大哭大闹并被冠上"小气鬼"的称号，这对孩子是极不尊重的。因为，这时期的孩子正处于自我意识建立的敏感期，并不是小气。我们让孩子学会分享的前提是，让他首先体验到拥有。

自我意识敏感期一般出现在孩子一岁半到三岁之间，因为个体差异，或早或晚。主要表现是：强调"我的"、爱说"不"等。

孩子强调"我的"，是因为他们发现了我是我、你是你、大家是不同的。他们通过说"不"，来体现自我的意志。

处在自我意识敏感期的孩子，几乎将他全部的热情和注意力集中在了自我的建构中。如果没有这样的激情和投入，将影响孩子自我意识的形成，无法形成自我，最后也无法走出自我。

孩子处在自我意识敏感期时，我们不要和孩子斗争，不要和孩子较劲，要试着去理解孩子，变通交流方式，因为这个时期是一个人形成自我的起点。

语言敏感期

当孩子变成学舌的"小鹦鹉"时，你说什么他都会模仿，起初家长还会觉得有趣，但孩子模仿得多了，家长不免觉得有些烦躁，甚至怕他人觉得自己的孩子没有教养。其实，这是孩子进入语言敏感期的一个非常重要的信号。语言敏感期还有一个常见表现就是重复问或重复说一件事，重复的次数让家长无法接受。有一天晚上，天上没有月亮，小杰问："月亮呢？"我说："月亮躲到云彩里去了。"过了一会，他又会问："月亮呢？"我重复地回答，如此这番对话十几次。

对于处在语言敏感期的孩子，家长应该给他一定的语言刺激和良好的行为教养，促使他语言发展得更快更好。因为家长的言传身教很重要，对孩子的语言发展影响很大，家长说的每句话他都会模仿着家长的样子说。因此，家长必须戒掉一些不好的口头禅，平时给孩子多听一些儿歌、诗词，多给孩子讲一些绘本故事等，这些对孩子的语言发展会非常有帮助。

二 陪伴随笔

我们常说，陪伴是最长情的告白，陪伴是一种爱的表现。

大儿子出生时，我二十四岁，说实话，那时自己心智还不够成熟，涉世不足，育儿知识不够，并没有准备好如何做一个好妈妈，更不用说用心陪伴了，充其量叫陪着。虽对儿子疼爱有加，但没有足够的教育理念支撑自己。客观来说，那时的教育观念大同小异，孩子受的教育也是类似的，自然受到的伤害也有很多共同点。当我们同龄的妈妈说起以往对待孩子的态度时，满心都是懊悔、自责和心疼。

随着国家生育政策的调整，小儿子于2016年出生了，那一年我四十岁。我们对小杰的陪伴，不仅用了时间，也多了耐心，并尽最大努力按照"以孩子为本"的理念，给予他更多的尊重与理解。

祖孙之乐

小杰有好几天没见到爷爷了，今天和他一起回老家。

还未到爷爷家，但我们在很远处就看见了爷爷，小杰声音非常夸张地喊："爷爷！爷爷！"耳背很严重的爷爷听得很清楚，大声回应："哎，哎！"他们就以这样的见面方式开始了祖孙之乐。

小杰在门口骑自行车玩，他让爷爷坐在楼后东边的台阶上，让我坐在西边的台阶上。

小杰骑车骑得很溜，他想炫耀一下。他故意骑得很快，然后猛捏车闸，摆出停车很酷的样子。爷爷合不拢嘴地看着小孙儿耍帅，时不时地提醒他慢点。

为了找个话题，我和爷爷说小杰会烙煎饼了，正好被小杰听见了，这就开始显摆了。

"首先我要打一个鸡蛋。"小杰说，"然后放油。"

爷爷说："放牛（油）？给你买个小牛（油）。"

我禁不住笑了，但我没作声。

小杰听爷爷和他说的话题不一致，又重复说："放油。"

爷爷觉得孙儿没听明白，又加以说明："买个小牛（油），买只小羊？"

我笑得更厉害了。

小杰好像看出来爷爷没听明白，赶忙解释："花生油。"

爷爷一阵哈哈大笑，说："花生油，我以为放牛。"

爷爷终于明白了，小杰也高兴地笑了。

我忍不住笑了好长时间。三岁半的孙儿，七十三岁的爷爷，一段精彩的对话。

有时，不用解释的生活也很美。

爱我你就陪陪我

我对"陪着和陪伴"进行了思考，并和同事讨论过，好像自己很明白什么是陪着，什么是陪伴，直到今天中午，我才醒悟。

中午放学时，小杰在户外骑小三轮车，是带后座的那种。同在户外的还有比他大三个月的乐乐和她的妈妈，也就是孙老师。

乐乐骑车在前，小杰在后奋起直追，那兴奋劲儿无以言表。快追上时，他激动得不能自已，小车差点骑到沟里，而他只顾仰头大笑，那是发自肺腑的、肆无忌惮的、不受控制的大笑。我们也被感染了，禁不住也哈哈大笑起来，感觉好久没这么笑了，很爽、很惬意。

低头看见小杰头上冒出来的颗颗汗珠，我想回家让他换件衣服，但他浑然没觉得热，还沉浸在追逐的快乐中，忘乎所以。他来回骑了两趟，骑得又快又稳。

那一刻，我忽然明白了陪伴的真正含义，陪伴孩子就是享受和孩子在一起的美好时光。难道，以前都是在陪着吗？为什么我每次一拿起手机他会强烈反对？有时还会直接把我的手机扔掉？他需要的是陪伴而不是陪着，原来真正的陪伴不是负担，是乐趣！

翻煎饼高手

我们家有个"翻煎饼高手"，不是爸爸，不是妈妈，也不是哥哥，而是三岁半的小杰，这是他自称的，当然是跟动画片里学的。

实际上，他更是一个烙煎饼的高手。程序是这样的：碗里盛上一点水，打上一个鸡蛋，用匙子搅一搅，必须是匙子，因为动画片里就是用匙子搅的，然后再加入面粉搅拌成糊状，放上一点盐和花生油，直接倒在平底锅里，最后放在燃气灶上烙。这个过程的每一步都是他自己完成的，这个手艺也是用二斤鸡蛋和一斤花生油的代价换来的。

一开始，小杰烙出的饼，他自己会全部吃完。自己动手、丰衣足食的感觉还是蛮不错的，任何人都没机会品尝，他自己吃得津津

有味。

没想到他烙煎饼上瘾了，早上烙了晚上接着烙，很享受烙煎饼的过程。家里的煎饼也是成摞了，这是给爸爸备口粮吗？当然，爸爸会把它们全部"消灭"掉。

有一天早上，小杰又要烙煎饼了，在我的说服下终于改成了晚上烙，因为昨天晚上烙的那张煎饼还像一轮圆月躺在盘子里。

晚上果然没有失约，又一张煎饼出锅了。

帮 倒 忙

为了让小杰有一个自己的空间，我们决定把房间收拾干净，买个双层床，为将来分床做准备。

下午六点多，床送来了，安装师傅也来了。这可把小杰乐坏了，跟着忙前忙后，拿螺丝、拧螺丝，和爸爸一起陪伴安装师傅忙了一个多小时。

事实上，小杰帮了安装师傅的倒忙，耽误了不少时间。但是安装完以后，安装师傅还表扬了杰爸爸："你真有耐心，一下午没听你吵他一句呀！"我听见后并没有说什么。

我知道，安装师傅可能觉得我们有些宠爱孩子，但我觉得孩子有对新鲜事物的好奇心和探究欲望，这是多么可贵的品质呀！我们要学着保护好孩子这些珍贵的天性。

但生活中，孩子只要打扰了大人的工作，就得挨批评。最后，孩子是老实了，但也抹杀了孩子那些带有探索精神的可贵品质。

不爱午睡

周末陪小杰在家玩耍，小杰能午睡的概率是很小的，因为他精力旺盛。

我不明白：为什么和奶奶在一起，他中午都睡上两三个小时，和我们在一起，他却要让我们陪他一起玩。我有时困得不行了，只能应付他。

在和同事说起这件事时，同事说："那是他珍惜和你们相处的时光。"一语惊醒梦中人。

蒙台梭利说：早晨你还在睡梦中，你的孩子过去亲吻你？仅仅因为他想过来看看你，想想，除了孩子谁还会这样对你？孩子对我们的依恋是无可替代的。孩子珍惜和父母在一起的时光，又有多少父母珍惜和孩子在一起的时光呢？

孩子的成长就是和父母渐行渐远的过程，父母如果不珍惜和孩子在一起的时光，终有一天，他不再依靠父母的时候，父母会留有遗憾。

当孩子需要我们的关注和陪伴时，我们要珍惜和孩子在一起的每一寸时光，因为每一寸时光都有欢喜。

一床的荞麦皮

午休时间到了，我困得不行。我说："我要睡觉了。"小杰也说要睡觉了。

我睡得迷迷糊糊，一睁眼看到他把他的小枕头的拉锁拉开了，在玩里面的荞麦皮，我说："不准弄到外面啊。"

他说："我就这样玩。"随后演示给我看，意思是在枕头套里面玩，不会把荞麦皮弄到外面。我相信了，又眯了一小觉。

天哪，等我再醒来，荞麦皮满床都是，不知何时他已全部倒出来了。他让我给他堆个小山，然后，他把脚放到里面，当沙子玩。我想既然这样了，干脆和他一起玩吧。小杰特别高兴，说："我们就来玩这个游戏吧。"

我们一起玩"沙子"，一起玩"下雨"，他还让我把手当雨伞。

我们仔细观察了荞麦皮的外形，他还对荞麦皮的颜色产生了浓厚的兴趣，我给他讲述，荞麦皮有黑色的、灰色的，还有咖啡色的。他忽然问："咖啡是什么？"

"咖啡是一种植物……"

他说："有咖啡汤吧！"

我佩服，说得很有才："对，可以喝的咖啡汤，哈哈。"

接下来，我们对荞麦皮按颜色进行了分类。他拿着小匙子，我往上放，他说放什么颜色的，我就放上什么颜色的。就这样，我们玩了整整一下午。

我忽然感觉，我就像他手里拿的小匙子一样，是他的一个玩具，而且是荞麦皮的辅助玩具。这让我想起了一本书《你就是孩子最好的玩具》。是的，我就是孩子最好的玩具。

工具箱里的秘密

为了更好地培养小杰的动手能力，我给他买了一套小型的工具箱，钳子、扳子、锯子……五金店的老板说："你们这是从小培养工程师呀！"哈哈，没有这么想，就觉得小男孩需要学会这些基本的工具活。

买了工具箱，又拾了几块木头，晚上回家和小杰练习锯木头。晚饭后，小杰一边和爸爸锯木头，一边让我给他读《三只小猪》的故事，因为这个故事里有小猪盖房子的情节，里面有句话是"又是盖房子，又是锯木头"。看来，干活也是需要氛围的呀！锯了两节木头，工具箱便放那里好长时间，没了动静。

这天晚上，小杰和爸爸骑平衡车回来，爸爸拿出工具箱要把车座子往上调一调，他也来了兴致，和爸爸一起忙活起来。写到这里，我忽然想起了《卡尔·威特的教育》中，老卡尔·威特大体是这样说的：孩子对一件事先有兴趣，才去学习，而培养孩子兴趣的方法就是游戏。

我也悟出了这么一个道理：孩子对这些工具本身并不感兴趣，感兴趣的是利用这些工具工作。

于是，我赶紧下楼去买钉子，让小杰和爸爸接着给小猪盖房子。直到晚上八点睡觉前，家里叮叮咚咚的，小杰在木头上钉了好多钉子。

这个工具箱不仅锻炼了小杰的胳膊和手的力量，培养了他的动手能力，更增进了亲子关系。

喷壶的乐趣

办公室里有一个小喷壶，是老师们用来给花浇水的。小杰每次去我办公室总是喜欢玩一玩这个小喷壶。

放学后，他又来到了我的办公室，拿起这个小喷壶玩，先给院子里的花喷喷水，又给他的小车子喷一喷，再用手擦一擦。于是，我赶紧给他找了一块抹布。他说："我要洗洗小车子，把小车子洗干净，就像爸爸洗那辆白车（我家的汽车）。"

原来他和爸爸一起去洗过车。过一会儿,他又说:"哗啦,把所有的东西都冲走了。"我问:"什么?"他说:"水流。"然后他把喷壶的盖子拧开,把水倒在了小车子上。

显然,孩子有了先前的经验,才能创新自己的游戏。在游戏中,他会自己尝试解决很多问题。

看来给孩子提供适合的物品,也会有意想不到的收获。孩子只有喜欢生活中的物品,尝试动手,才能不断学习、积攒生活的本领。

咬了一口的海苔

昨天,小杰到我的办公室时,其他老师都下班回家了。他发现丁老师的桌子上有一盒海苔,便走了过去,我急忙制止:"这是丁老师的海苔,没有丁老师的允许是不能吃的。"

他说:"丁老师同意了。"

我说:"丁老师又没在这里,你怎么知道她同意了?"我在努力地说服他:"给丁老师放回去,如果你想吃,我可以去给你买一盒和丁老师这个一样的。"

他实在禁不住夹心海苔的诱惑,但也在努力地控制自己,停顿了一下,他拿了一片,咬了一口后,便想把海苔放回去。"咬了一口是不能再放回去的,这不文明。"

小杰默认了,过了一会儿,他又想起了那盒海苔,我看他实在很馋,就和他说:"没经过丁老师的同意,你不能再吃了,等会让爸爸去买,可以吗?"小杰同意了。

回顾这一过程,小杰是具有一定意志力和自控力的。蒙台梭利说:在日常生活中,随处可见能体现孩子"意志"的行为。比如,给其他伙伴分配他最喜爱的食物时;当他无奈地站在一旁,苦等被其他小朋友抢走的最心爱的玩具时……都体现了孩子的"意志"。

这么说，有意识地延迟满足孩子的一些愿望，例如，快递要等三天才来，周六才能去公园玩，有意识地让孩子学会耐心等待，无形中可以培养孩子的坚强意志力。

小风扇不转了

今天下午，小杰看中了一台玩具小风扇，我就买了它。在回家的路上，他打开车窗，把小风扇放在窗边，小风扇就"突突突"地转了起来，力度非常大。我告诫他："风扇在转的时候很危险，比刀子还厉害（他曾经被刀子划过手）。"他说他会很小心，知道保护自己。当车子停下的时候，小风扇就不转了，他就问："为什么不转了?"爸爸说："车停下时，没有风了，就不转了。"过了一会儿，又遇着红灯，车停下了，但这时小风扇还在转，他又产生疑惑。我说："车停下了，风扇还在转，因为这时有大自然的风。"

这个过程，小杰感受了风，知道风的不同来源以及车与风、风与风扇的关系。生活中，孩子会产生很多疑问，随着成长他会不断地去探索，去寻找答案。我想，这不就是生活即教育，教育即生活吗?

《卡尔·威特的教育》中，老卡尔把他的儿子小卡尔培养成了天才，更多的是在自然中、在生活中培养的，如：和小卡尔一起散步，路边的小花、小草、蜜蜂、虫子……都是他们探索的对象，老卡尔就是在这种他有心安排中培养了小卡尔的兴趣，激发了小卡尔的学习欲望。最终，老卡尔把他儿子培养成了轰动一时的天才，他的教育理念至今还在被人们传承。

火车的探秘

自从给小杰买了那列拼插火车后，他对火车的喜爱是一发不可收，几乎每天都要看一看火车的视频，听一听火车"咔嚓咔嚓"的声音，然后对着他的玩具火车研究一番。有时会趴在地上看火车的轨道及零部件，那专注劲儿，不亚于一个工程师对工作的痴迷，这个状态已经持续近三个月了。

看到他对火车这么情有独钟，我都有种想收集各种火车玩具的冲动。所以，在去五莲山游玩时，看到景区有卖木质小火车的，我赶紧给他买了一列。

今天，他用积木又摆了一列长长的火车，还让我给他的火车配音。因为对火车的喜爱，连火车的轨道也特别喜欢，经常研究家里的推拉门、窗户的轨道。有时看到衣服上的装饰，他也能联想到那是轨道。我仔细看看，衣服上的图案还真像火车的轨道，他善于联系实际的能力，着实让我很佩服。

其实，每个孩子都是很厉害的，千万不可小看他们的观察力。

颜色变变变

通常情况下，小杰都是晚上玩颜料的，谁知有一天早上他竟拿起了书橱上的颜料在一张小方纸上玩了起来。

他把黄色和土黄色混在一起，用笔搅和，便说变成了绿色。他不是色盲呀，明明是向橙色变化，怎么说变成了绿色，这是怎么回事呀？为了让他弄明白哪两种颜色在一起会变成绿色，我就把黄色和蓝色搅拌在一起，让他看到实实在在的绿色。

他问我："为什么会变成绿色呢？"这个"小问号"又开始提问了。我也不明白，就问他："你说这是物理变化还是化学变化？"他竟然很明白似的说："化学变化。"我哈哈大笑，想问问他："亲爱的小孩，你真的懂吗？"

科学问题解答要严谨。我上网查了查，黄色和蓝色混合变成绿色是物质吸收光谱的反映，既不是物理变化，也不是化学变化。虽然我也不太理解，但还是和他作了一番解释。

植物园的小见闻

昨天立冬，眼看冬天来到了，秋天还未真的离去，这时候正是多彩的季节，一定不要错过赏晚秋的风景。

吃过早饭，收拾一下，便带着小杰去植物园赏秋，顺便捡捡落叶，制作标本或是做树叶粘贴画，备下"过冬粮"。

来到植物园，有不少领着孩子漫步于林间小道上的"同道人"。

在路上，遇见了一对父女，闺女有七八岁的样子，她正要从小水沟的那边跳过来。爸爸厉声说道："摔倒了我不管啊！"孩子没有理会，用力地跳了过来，爸爸倒也表现出很高兴的样子。父母有时会这样做，为了安全，不让孩子去探索，或阻止孩子探索。一旦孩子探索成功，父母也高兴；一旦探索不成功，有些父母就指责孩子，好像自己有先见之明。这种做法无形中伤害了孩子，让孩子做事瞻前顾后，犹犹豫豫。

这使我想到我们刚到植物园时看见卖糖葫芦的，小杰说："我不要。"为什么呢？因为昨天去公园玩时他也说不买棉花糖，结果又说要买，挨了一顿批评，虽然最后也买了，但过程比较曲折。我在想：一个四岁的孩子，自控力还没发展到那么高的程度，他说不买棉花

糖可能是因为公园里有更大的"诱惑"在那里等他。

游乐项目都玩完了,棉花糖就是他最大的诱惑了。但鉴于昨天的经验,他猜想今天要买糖葫芦肯定要被数落的,所以他就言不由衷地说"不要糖葫芦"。想到这里,我们又折返回来,我说:"你想要就买串吧。"结果他确实想买一串。

走出植物园又遇到了一个卖糖葫芦的阿姨,小杰说:"我们买过了,不买了。"这次,我认为他是认真的、诚实的。

秋天在哪里

提个问题,秋天在哪里?答案肯定会众说纷纭,如:秋天在田野里、秋天在树林里、秋天在菜园子里……但,今天我要说,秋天在我们家的书本里。

上午和小杰到植物园捡了好多树叶,回家后我们对它们进行了清洗、晾晒。吃过午饭后,和他一起做树叶标本。由于很多叶子上还有水,我就用纸巾擦干,小杰就往书里夹树叶。

午后的阳光照在阳台上,很是惬意,我们娘俩各干各的,安安静静的。看到小杰那么认真,很是欣慰和佩服。看到一个四岁的孩子,能有如此的专注力和坚持力,我除了满心欢喜外,努力擦拭着每一片树叶,竟有了无限的遐想,想到了秋天的美景如画,想到了有关树叶的知识,如一叶知秋、树叶在飞舞、一叶障目等。

树叶,再熟悉不过的植物的一部分,我竟从来也没有像今天这样仔细地观察过它们,也从来没有像今天一样发现过它们的美。树叶的形状各异,秋天的颜色五彩斑斓。生活中美的事物处处都有,就像人们常说的,"生活中并不缺少美,而是缺少发现美的眼睛。"今天下午,我对这句话颇有感触。

不知不觉，一个半小时过去了，五本书里夹满了我们捡来的树叶，期待树叶书签完美出炉。我小时候也做过树叶书签，书本最后打开的那一刻，我至今记忆犹新，感觉很美好。

相信，当我们再打开这五本书时，我们不光留住了秋天，也留下了秋天的回忆，回忆那段美好的温暖的陪伴时光。

秋天在哪里？在我们家的书本里。

爆米花的记忆

下午在小区门口看见一个老大爷在做爆米花，这一下子勾起了我对童年美好的记忆。

那时，偶尔有人去村里做爆米花，感到最稀奇的还是那个做爆米花的工具。有一个火炉子，有炉身，还有个手柄，手柄上还带着个表，用手摇啊摇，摇到一定的时间，把炉口伸进口袋里，然后只听"嘭"的一声，口袋里倒出了爆米花，那时觉得那是多么神奇的机器呀！记忆更深的是馋人的爆米花，那多稀罕呀！有的孩子端一茶碗玉米，也有的端一大碗玉米，放上一点糖精，就让做爆米花的人给加工。那个时候只收取几分钱的加工费，记得一茶碗玉米大约要加工费五分钱。

小时候，家里舍不得那茶碗玉米，更不舍得那五分钱，所以于我而言，爆米花就更加诱人。

儿时看做爆米花，是大家都很期待的一件事，也是童年的珍贵记忆。

今天又偶遇做爆米花，算来也有三十几年没遇见过了，很珍惜这个机会。于是，我和三岁半的小杰一起寻找回忆，给他讲一讲我小时候关于"爆米花"的故事，顺便也给他留下一段珍贵的记忆。

我们买了两袋爆米花，一人一袋，边走边吃，那感觉真好。

就是个小问号

《这样爱你刚刚好，我的4—5岁孩子》中有这样一段话："由于4—5岁孩子的语言发展水平和思维发展水平有限，他们对事物的理解常常依靠具体的形象和行为。因此，父母在给孩子讲解事物的时候，不要单纯依靠语言的描述，最好借助直观的、形象化的图片来帮助孩子理解事物的概念。"

看到这段话，想起了今天早上小杰提出的一个问题："妈妈，什么是污染？"今天的天气不光冷，而且有点灰蒙蒙的。他坐在车里，感觉出今天天气的不同，突然就问了这个问题。

他才四岁多，竟然对自然现象这么敏感，很难得。随之和他大体解释了一下："空气污染就是空气中有灰尘颗粒、有害物质等。"小杰接着问："污染了会怎么样？"不禁暗暗佩服他这种好问的精神，接着解释："污染会让我们的生活环境变得不干净了，人们就容易生病。所以，我们要爱护环境、不乱扔果皮纸屑、多乘坐公共交通工具等，我们要做环保小卫士。"我借机对孩子进行了一次说教。我想，在这种直观的情境中，孩子对环境污染及如何保护环境应该更容易有一个清晰的概念。

到了我的办公室后，准备送他去上学，他和我的同事说："今天必须戴口罩，因为空气有污染。"看来他对污染有了一定的认识，而且认识得比较到位，相信他会成为一名环保小卫士。

画画也不难

每当看到四五岁的孩子画出一些作品时，我就会想到小杰，四岁多了没见他画出个像样的物品。倒是不到三岁时，一笔画出了个大公鸡。到了三岁多，给他笔让他重新画，他却画不出来，我就拿着他的手画。后来，再让他画画，他就说："我不会。"非让我拿着他的手画，这让我感觉到：我做错了，在追求功利性的东西，过度注重技能了。后来，我没再强制他画画，但每当看到和他同龄的孩子画得较好时，心里就有点担心。但我又很快地说服自己："没事的，到了时候，自然就会了，现在让孩子自主发展对孩子有好处。"

昨天晚上，忽然想起了老师布置的作业，和孩子讲一讲雷锋的故事，并用自己喜欢的方式表现出来。正好昨天他陪我理发，在理发店里，我把他吃剩的橘子皮放到塑料袋里，找了一圈也没找到垃圾桶，就放到了椅子上。他看到后，拿起垃圾袋说："要放到垃圾桶里。"他找到了垃圾桶并把垃圾袋放到里面。我很惊奇于他有这么主动、这么环保的思想意识，可惜当时没有给他拍下照片。后来，我擦手的纸，他也主动帮我扔到了垃圾桶里。

抓紧完成老师布置的作业，先和他讲了雷锋的故事。又和他回顾在理发店的行为，并表扬他就是小雷锋。我告诉他要画下来，明天交给老师，没承想他很快就画完了。

我又一次被他惊到了，从只会画个圈的水平发展到画出了妈妈、自己、垃圾、垃圾桶等表现特征明显的情景画，这真是一个质的变化。这使我想到，有一本书上说：六岁以前的孩子不用过于追求技能的练习，要让孩子有更多的时间去体验、去感受、去吸收，最终他会按照自己的成长规律一一呈现出来。如果成人打破了他的成长

规律，人为地植入其他思想和行为，就会让孩子失去灵感，成为一个学习的机器。

爱我你就抱抱我

有一首歌叫《爱我你就抱抱我》，从旋律到歌词都很受大家的欢迎，特别是那稚嫩的童声更是动人心弦。

为什么突然想起了这首歌，还是源于小杰。周六和他在家，我忙于做饭没顾上和他玩，他就在他的房间里唱："爱我你就陪陪我，爱我你就抱抱我……"这小家伙，真会使用策略，让我一下子惊醒了，我赶紧做完饭，陪他玩了一会儿，一定要让他知道妈妈是很重视他的。

这首歌的作者是彭野，他说写这首歌跟他的女儿有关。五年前的一天，他问女儿需要什么奖励时，女儿竟回答"多陪我玩一天"。这句话对彭野触动很大，他说："陪孩子、亲孩子、夸孩子、抱孩子，这是最廉价也是最珍贵的奖励。"其实不只是孩子，成人或老人也需要这些，由于很多人的性格比较内敛，往往不会表达容易做到的、能打动对方的情感。陪、亲、夸、抱，这是爱意人性化的表达方式，我们要把爱转换成看得见、摸得着的东西。因此，这首歌老少皆宜，充满真情实感，触动人心。

我想小杰一定是非常喜欢这首歌，而且他对这首歌一定是感同身受，所以在他需要的时候，才能流畅地表达出来。

感谢小杰让我能及时"看见"。"看见"了他，也"看见"了我自己。

真不容易

"和他在一起混真不容易呀!"这是爸爸对小杰发出的感慨,这源于我的两次"找门子"。

昨天,走到一个商店的门口,小杰拽着我的衣服怎么也不让我走,非要进去吃薯条。我和他说,油炸的食品不健康,特别是外边的油炸食品,要是实在想吃,回家给他炸。之前用这招挺管用的,但这次却不行,他的坚持让我没了退路,只好下最后通牒:"最后一次吃。"

我们点了两包小薯(买一送一),一杯热果汁,还有两杯玉米汁。在吃薯条的过程中,小杰突然和我说:"爸爸说过这里的薯条脆。"我忽然明白了他如此坚决的力量来自哪里,就来自爸爸的那句话。同一件事出现矛盾点时,孩子就会选择对自己利益最大化的。为了这事,我找了爸爸的"门子":"以后说话可要注意点。"

今天早上,小杰忽然又问我:"'牛×'是不好的话吗?"我一下子有点蒙,我跟他说这个词是网络用语,不文明,有很厉害的意思。他和我说:"爸爸说'牛×'是不好的词,小孩子说话不能用。"

为了这事我又找了爸爸。爸爸既然觉得那个词不雅,教孩子要讲文明语,那为什么又暗示他大人可以使用呢。孩子问这句话肯定是事出有因的,重点是把这个因找出来,而不是把问题直接终止。

孩子就是来帮父母成长的,开拓父母的思维,打开父母的格局,说得一点也没错。

我发脾气我有理

早上起来，小杰发现爸爸没在家，就要找爸爸。我说："爸爸去买东西了。"爸爸回来后，他就找茬，问爸爸为什么去买东西。爸爸解释一番，你猜他怎么说的？小杰说："我弄你！"我们也不知道他跟谁学的这句话，很明显他理解了这句话的意思，而且还反复运用到生活中，我们一家人都被他"恐吓"过多次。小杰跟我说："我弄他！"结果他真去拍了爸爸一巴掌，还把垃圾桶里的垃圾故意倒出来。

爸爸被惹怒了，厉声呵斥让他拿扫把扫垃圾，他应该是出于害怕照做了。做完后来找我，我问他："你是不是希望爸爸陪你玩儿？"我这句话说到他心坎上了，他一下子委屈得哭了起来，他觉得终于有人懂他了。我说："你希望爸爸和你玩儿，你可以和爸爸说，但你打爸爸，乱发脾气，把垃圾倒在地上是不对的。"小杰也没有反驳我。接着爸爸让他去倒垃圾，他赶忙去穿鞋子。我问他："你愿意和爸爸去倒垃圾吗？"我本想他是有点被迫去的，肯定是不愿意的，没想到他很痛快地回答："愿意。"

看来，我的敏感度增强了，能准确感受孩子的心情，给他一些支持。

大家要相信，孩子发脾气，绝对是有原因的。

想吃点药

小杰无意中从盒子里翻出了几包咳嗽药，一种闻起来像糖一样的颗粒，那是以前他咳嗽时买的，没有吃完。

他问我是什么药，我说是咳嗽药，他说要吃，我说不行，只有咳嗽时才能吃。他马上就"咳嗽"起来，并说他咳嗽了，可以吃药了。这个小家伙，总会想出各种理由，但这次，我必须要戳穿他、指正他。我说："不行，你这不是咳嗽，你这是假的咳嗽，是装的，不能吃药，只有真咳嗽时才能吃药。"他和我争辩说："我是真咳嗽，可以吃药。"我说："你是故意咳嗽的，不是真的咳嗽，药都有毒性，吃了对身体不好。真咳嗽是生病了，才能吃药。"

　　看来我还是没有和他解释清楚，他又说："我是真咳嗽。"我依旧解释说："真咳嗽时再吃，不是真咳嗽不能吃，要不然会对身体不好的。"这次不知是他看到了我的坚持，还是真听懂了，不再继续要药吃，但他还是表现得很想吃。

　　最后，爸爸又给他耐心地解释了一会儿，小杰似乎真的明白了，接受了，也就就此罢休了。

　　因此，教育孩子时，有些事件可以容忍，但危及健康和安全的事坚决不能退让。

第一章 遵循生命的规律

第二章
直面风雨的影响

　　妈妈们在一起谈论最多的就是孩子，然后由孩子想到自己的童年，谈谈自己童年的乐趣，谈小时候受到的伤害，本章接下来谈谈家长对孩子的伤害。实际上每个孩子都免不了有一些来自原生家庭的伤害，有客观的，也有主观的。儿童的成长不仅是生理方面，还有心理方面，所以孩子的成长离不开良好的生活环境和家庭教育。如果孩子是种子，那么父母就是培育人，如果父母不懂得种子的生长规律和所需要的生长条件，那么就不能帮助其正常生长。

一　控　制

孩子的成长如果抛除环境的影响这一客观因素，还有一个重要的因素就是他人的影响，其中最重要的就是父母对孩子的影响。高尔基说："爱孩子，那是母鸡也会的。"天下没有不爱孩子的父母，那为何在父母爱的羽翼下，有些孩子会出现种种问题？那是因为有些父母对孩子进行了无知、无意的伤害。

什么是父母无知、无意的伤害呢？无知的伤害是因为父母缺乏正确的教育理念，不懂孩子的心理需求，遇到问题时不能从孩子的角度思考；无意的伤害是父母具备一定的教育理念，但在遇到问题时，理念把握不够精准，关注问题的点有偏颇，致使孩子受到伤害。比如，父母的控制有时也是一种伤害。有些父母会把对孩子的控制当成爱，很自然地在言语或行为上替孩子做主。这种爱往往简单粗暴，不容孩子拒绝。

"直升机"式父母

"直升机"式父母，指的是父母总是盘旋在孩子的上空，时刻监督着孩子的学习和生活，一旦出现与自己预期不符的状况，就随时冲上去，对孩子的行为进行"矫正"，调整到自己期望的状态。

"直升机"式父母养育下的孩子，在成长过程中会产生认知、情绪等方面的心理问题，这种"全方位存在"和"无处不在"的感觉让孩子备感压抑。

曾经看过一则新闻：一个孩子非常优秀，从小就按父母的期望成长，几乎没有让父母失望过。最后，在考上父母期望的大学后，孩子说："我考上了你们意愿中的大学，你们满意了吧，但这是你们满意的大学，不是我满意的大学。"后来，这个孩子并没有去上父母满意的大学。

有的父母的高控行为很隐蔽，不容易辨别。如孩子正在玩一件玩具，玩得不亦乐乎，父母可能会随时过去打断或强行终止孩子的"工作"，让其转向父母认可的"工作"。此时，父母全然不知自己正在用言行控制着孩子的行为。

对孩子爱的尺度，有时真的很难把握。比如，孩子今天不想吃饭，父母怕孩子饿着，非逼着孩子把饭吃完，哪怕是孩子边哭边吃，也要吃完。

控制欲强的父母，打着"都是为你好"的招牌，过于夸大了自己在孩子成长路上所起到的作用。

人家都吃面你也吃面

上完乐高课，去吃一碗素面，是小杰的标配。今天，我们又按时到了面馆，面馆里坐着一个哭闹的小男孩。小杰说："妈妈，他不愿意吃面。"听孩子这么说，我才注意到：原来小男孩不想吃面，但他的妈妈只给他买了一碗面。小男孩不停地说："我不想吃面。"他的妈妈给他做思想工作，也不停地说："你看，人家都在吃面。"

这是什么理论？人家都吃面，他就必须也吃面吗？孩子连自主选择吃什么的权利都没有吗？在生活中，我们经常会听到家长用这样的方式教育孩子："你看，人家都没玩，咱也不玩了。"

我们都希望孩子将来成为一个有主见的人，如果我们用这种方式教育孩子，孩子的主见和自主性从哪里来？一些妈妈动不动就按自己的意愿控制孩子的想法和选择，孩子会对自己的想法和感受产生怀疑：我的想法都是错误的？我的感受也不对吗？父母的这种控制模式在生活中长期存在，孩子就会失去自信。

事情继续发生着，孩子最终被妈妈说服了，他也找到了说服自己吃面的理由："妈妈，那个小妹妹也在吃面呀！"后来，餐馆里安静了下来。我想：妈妈劝赢了，孩子吃面了，难道这就是妈妈想要的结果？

事件背后，对孩子产生的那种看不见的隐性影响一定不是妈妈想要的。长期在父母行为控制下的孩子，内心容易怯懦自卑，做事情缺乏自信，消极不主动。

所以，人家都在吃面，你不一定要吃面。

不就一块饼吗

下了班，我去买饼，准备中午饭，碰巧遇见了一个女同事和她的一双儿女也去买东西。同事的儿子十二岁，女儿四岁。她们买的煎饼，我买的烧饼。我看到同事乖巧的女儿正直直地盯着我手中的饼，我便准备拿一个饼给她。谁想，同事急忙阻止，不让我给孩子饼，并且说："我闺女不吃。"

这个过程，她的女儿并没说话，而是慢慢地伸出了小手。而她的儿子竟急忙抓住了妹妹的手，阻止妹妹拿饼。

我有点生气，一个四岁的小孩子，明明想吃饼，还伸出了小手，

怎么就不能让她吃呢。我曾想起我这么大时，看到邻居吃一个玉米饼，馋得要命。

最后，小女孩把手缩了回去，不再接饼。看着女孩有点委屈的表情，临走时我用一个袋子装了一个饼，直接塞到了她的手里。

到下一个路口我们再次遇到时，我看到孩子吃着我给她的饼，很开心。

同事不让孩子接过我给的饼，或许考虑到小孩子没洗手，暂时不能吃东西，又或是其所谓成人的面子，嘴里一直叨叨着"这怎么好意思呢"。有些父母总是过于以大人的面子考虑问题，满足自己的心理需求，无形中控制孩子的思想行为，忽略了孩子的真实感受和孩子本身。

二　贴标签

　　给孩子贴标签是家长很擅长做的一件事，例如："我的孩子害羞""我家孩子不爱说话""我家孩子非常任性"等。家长这种随意给孩子贴标签的言行，可能会在无意中伤害到孩子，孩子就会觉得最信任、最亲近的父母这样说，那我就是这样的人了，这起到了不良的暗示作用。

"胆小"的男孩

　　今天下午放学后，我们陪着小杰去游乐场玩，因为天色已晚，游乐场里只有四岁的他和一个约两岁半的小男孩。一般年龄小的孩子都愿意跟着比自己大一点的孩子玩，这个小男孩也不例外。本来他在和妈妈搭大型积木，看到小杰从他旁边经过，他就放弃了玩积木，而选择跟着小杰一起玩。结果在一旁照看的爸爸看到小男孩放弃了搭积木，便说了一句："你是动脑筋的事就不想做，不能坚持！"小男孩就这样无缘无故地被扣了一顶"不爱动脑筋"的帽子。看到小杰从一个小高台跳下去，小男孩也跟着爬上去，想跳但不敢跳。这时，他的爸爸又说了一句："真是胆小！"过了一会儿，在妈妈的鼓励下，小男孩想扶着旁边的柱子往下跳。他的爸爸又开口了，说：

"不用扶！站好了，直接往下跳！"

看看这个天真无邪的孩子，对爸爸说的话无力反驳也没有任何回应。我想这些话可能已经进入了孩子的内心和潜意识中，削弱了孩子内心的力量。这些负能量的话，大脑一时可能会忘记，但潜意识里一定会记住，并随时跑出来起一些副作用。如果这个爸爸长期给孩子这种不好的心理暗示，会让孩子觉得自己天生就不爱动脑筋，天生就笨，从而失去信心。

幸亏孩子的妈妈了给他一种温和的态度，一边鼓励孩子一边给孩子做示范。孩子终于自己跳下去了，他很高兴，他的爸爸妈妈也很高兴，我也很高兴。

再看看小杰，无拘无束地玩着旋转鱼，坐在上面，躺在上面，变换着各种姿势。想想一年前刚来这里玩的时候，他也是不敢上去玩的，只是当一个看客，但我从来没有强迫他玩任何一个设施，而是尊重他的感觉和选择，相信他的判断，遵循他内心的需求。

父母要让孩子体验自己美好的童年生活，而不是在童年就背负起家长的高期望。所以，父母一定要适度降低对孩子的要求和期望值，重视孩子的心理发展状况。

"任性"的孩子

有些家长会觉得自己的孩子任性。例如：孩子看中了厨房的勺子，便把勺子当玩具玩，家长看到后，怕孩子把勺子弄脏或摔坏了，便不允许孩子玩，但孩子非要玩，于是家长会强行把勺子拿走，孩子便会哭闹起来。这时，家长就把孩子定义为"任性"。当孩子对大米或面粉感兴趣，把它们拿来玩时，家长看到孩子浪费粮食，也会强行制止，此时家长会愤怒地抱怨孩子太任性……其实，是这些东西符合孩子这一年龄阶段的特点，孩子对此非常感兴趣，充满探究的欲望。

家长不能直接给孩子贴上"破坏"或"浪费"的标签，因为孩子从生理到心理都还没有上升到一定层面，家长强行制止的做法，会打破孩子发展的内在规律，破坏孩子心里的秩序。在陪伴孩子成长的过程中，遇到问题时，父母一定要冷静面对，找到解决问题的方法，而不是一味地指责孩子。

有一次，小杰用磁力玩具拼摆滑梯，搭斜面时本该用三角形的，他非用正方形的，结果怎么也对接不好。他就不乐意了，一把鼻涕一把泪地哭，手里还拿着个正方形一直比画。面对这种情形，我先是给他拿纸擦鼻涕和眼泪，并告诉他搭不成功的原因，让他知道哭是解决不了问题的。

我知道，对于四岁多一点的孩子来说，他的思维能力只发展到这个程度：心理要求事物的结果必须和自己认为的一致。如果不一致，他的内心便是痛苦的，不知道怎么处理和调整。他刚开始是不接受我的解释的，等他尝试多次失败后，发现哭闹并不能解决问题的时候，他就开始尝试接受别人给的建议了。所以，我并没有把他今晚的表现定性为任性，而是孩子很正常的表现。

孩子的"任性"自有原因，成人的"任性"也自有道理。如果成人和孩子的频道对不上的话，最受伤的还是孩子。

牙刷就是用来刷牙的吗

有一位妈妈和我说过这样一件事情：

她的孩子受班级里其他孩子绘画的启发，非要用牙刷画画。孩子之前已经玩了两把新牙刷，最后被爸爸扔到了垃圾桶里。今天，

孩子又要用牙刷画画，妈妈让爸爸去超市买，爸爸便不乐意了，说："不能啥事都由着孩子的性子，要什么买什么，乱花钱，不懂得节约，太浪费了！"结果爸爸没有去买，妈妈和孩子都不高兴。

一个四岁的孩子，想用牙刷画个画，这是多么有创意的想法。这是孩子多元思维的一种表现，也是一种可贵的探索精神。作为父母，我们应积极地给予回应，满足孩子的探索需求，给予大力的支持。

这位爸爸不但没有支持，还给孩子扣上了浪费、任性的帽子，这完全是站在成人的角度思考问题，以成人的标准评判孩子，会给孩子带来伤害的。孩子想用牙刷画个画，这是他真实的内心表达，他并不知道这样会浪费钱。父母可以多加解释，或者给孩子一些淘汰的牙刷用来画画，而不是一味地指责孩子。

成人受限制太多，无形中也在限制着孩子。孩子的兴趣往往是阶段性的，这与孩子的身体和心智成长有关，而非真正的任性和无理。父母要允许孩子的兴趣发生改变，并为他们的新兴趣提供恰当的支持。

谁说牙刷不可以画画？我认为这是很有创意的想法。

三　善意的谎言

很多父母在照看孩子时，以为孩子小，不懂事，哄哄骗骗，图得一时安宁就行了。特别是在孩子哭闹的时候，有的家长会说："别哭别哭，我给你买好吃的。"还一边说一边抱着走。最后，孩子在大人的安抚下果真不哭了，家长看孩子不哭了，走一圈便回来了。等其他人问："买好吃的了吗？"家长说："还真买？哄哄他不哭就行了。"常言道：小儿不可欺！

曾子是孔子的学生。有一次，曾子的妻子准备去赶集，由于孩子哭闹不止，曾子妻许诺孩子回来后杀猪给他吃。曾子妻从集市上回来后，曾子便捉猪来杀，妻子阻止说："我不过是跟孩子闹着玩的。"曾子说："和孩子是不可说着玩的。小孩子不懂事，凡事跟着父母学，听父母的教导。现在你哄骗他，就是教孩子骗人啊。"于是，曾子把猪杀了。曾子深深懂得，诚实守信、说话算话是做人的基本准则，若食言不杀猪，那么家中的猪保住了，却在一个纯洁的孩子的心灵上留下可以撒谎的印迹。

时至今日，还有父母为了买孩子一时安宁，随口说句不负责任的话："你再哭大灰狼就把你叼走了！""你再不听话就让警察来抓你！""你不听话妈妈就不要你了！"这是有些父母经常拿来恐吓、哄骗孩子的话，他们没有觉得有什么不妥。

大人为达到目的信口开河，觉得撒个小谎无伤大雅，可孩子因此会失去对大人的信任。更严重的是，孩子耳濡目染，慢慢会觉得遇事找个借口骗人很正常，没有什么大不了的。长此以往，会影响孩子诚实守信品质的养成。

那样真不行吗？

经常和老师们一起讨论教育孩子的话题，特别是在限制孩子行为方面，经常对孩子说的一个词就是"不能"。

有一个同事描述她两岁多的儿子拿杯子的一个小故事：她的儿子拿了桌子上爷爷经常喝水的杯子，她看到后，大声地说："你不能拿!"儿子本来拿得挺稳的，结果被他妈妈这一喊叫，吓得急忙把杯子送给妈妈。可在妈妈还没接住的时候，他就放手了，结果就和她妈妈想的一样，杯子成了玻璃碎片。

这样的事生活中随处可见，比如：暖水瓶不能碰、酒瓶不能拿，铅笔不能拿……只要父母觉得危险的、破坏性的、浪费性的行为基本都是不能让孩子有的。这样孩子就会失去很多体验和锻炼的机会，还会唯唯诺诺、无所适从。

晚上一家人出去吃饭，小杰要了一瓶饮料。打开后，他要把饮料倒在瓶盖里喝，爸爸急忙说："那样不行。"小杰倒也配合，就直接用瓶子喝了。过一会儿，趁我们不注意，他自己倒在瓶盖里喝，而且喝得很好，只是偶尔洒出几滴。于是，我便教了教他怎样端瓶盖饮料才不会洒出来。

不一会儿，他又把瓶口全部放进嘴里，还没开始喝，爸爸又说："不能!"实际上，他稍稍体验了一下就停下了，应该也觉得直接用瓶口喝不舒服。所以，有一些事我们无须过度担心，让孩子想体验的就去体验，这是成长的必经之路。

幼儿期孩子心理活动的主动性明显增加，喜欢自己去尝试。父母可以因势利导，把握住孩子的心理特点，在保证孩子安全的前提下，放手让孩子自己去做，我们只要做好一个观察者、一个支持者就行了。

经常吓唬孩子不可行

回想一下，有多少孩子没有被父母吓唬过？我小时候，母亲就跟我说过，我亲妈是炸油条的，家住在哪里哪里……说得跟真的一样。那时，我还很期待去找那个炸油条的妈，后来才知道母亲是骗我的。到现在，四十多年过去了，我也不明白母亲为什么要骗我，难道仅仅就是逗乐子吗？那时，我可是认真的。

朋友说她的孩子最近只要是一个人在家或到了晚上，身边总要放一把水果刀。这个孩子的内心得有多大的恐惧呀，朋友说可能与孩子常看恐怖小说有关。我觉得一定是孩子内心深处有一种恐惧。

记得朋友以前常跟我说，孩子小的时候，晚上睡觉前常闹腾，她就吓唬孩子说："外面有收小孩的，专收不爱睡觉的小孩。"每当她这样说时，孩子都会躺在她怀里，乖乖地枕着她的胳膊睡着。

我想，这是不是孩子长大后容易感到恐惧，没有安全感的根源？孩子小时候看似乖乖地睡觉了，但孩子心里会多么的恐惧啊！

父母经常吓唬孩子，孩子容易失去安全感，会变得胆小怕事，还可能形成错误的认知，而这些不好的影响可能伴随孩子的一生。

妈妈说你不敢

在照看孩子时，为了保证孩子的安全，有些家长会过度限制孩子的行为，特别爱说的两个字就是"不敢"！这俩字看似简单，但对孩子恐吓的威力实属不小，更确切地说，其实与这俩字无关，与家长说话时的语气和表情有关。很多时候，孩子不是害怕某件事，而是害怕家长的那种状态。

这天晚上，我们来到了体育广场的游乐场，这里有一个很具有挑战性的玩具——吊桥式的平衡木。平衡木很有难度，反正我走不过去，但不到五岁的小杰可以像走大路一样，稳稳当当、轻轻松松地走过去。这时，走来了一个三岁左右的小男孩，指着吊桥式平衡木说："妈妈，我想玩那个。""这个你不敢。"妈妈说。然后，孩子就到其他地方玩了。

这时，一个比小杰小一点的女孩竟然上去玩得很好。刚才男孩的妈妈看到小女孩玩得很好，便对自己孩子说："这个小女孩敢玩，你敢去玩吗？"小男孩说："敢。"妈妈把他抱上去，他竟然又不敢了。这时妈妈说："那个小妹妹比你小都敢走，你还不敢？"妈妈说了几遍，又教了孩子怎么走，孩子最终还是下来了，说："我不敢。"然后，孩子又去玩蹦床了。

记得一句话："永远不要低估你的话对孩子的影响。"

《如何说孩子才会听 怎么听孩子才肯说》这本书中有这样一个故事：

我十岁的时候，父母给我买了一辆独轮车。我一个月都没有学会骑，我想大概永远都学不会了。但是有一天，骑上它以后，我能一直保持平衡！妈妈觉得我很棒。从那以后，每当我担心学不会一样新东西的时候（比如法语），她都会说："一个会骑独轮车的女孩儿，一定能学会法语。"我知道她的说法不符合逻辑，骑独轮车和学语言实在没有什么关系，但是我喜欢听她这样说，每次我接受挑战时，耳边总会响起妈妈的话："一个会骑独轮车的女孩儿，一定能……"

我也许觉得这句话有点好笑，但是这句话一直让我受用。

恐惧是世界上最摧折人心的一种情绪。"我害怕""他不敢"，导致孩子面对新鲜事物、未知的挑战时，望而却步，踌躇不前，从而丧失了很多机会和体验。为人父母，我们要带领孩子克服恐惧，而不是说"你不敢"，要增加他今后独自面对人生的勇气。

被冤枉的孩子

小时候，我们都有过被冤枉的经历，记得一个朋友说他小时候被邻居冤枉过偷钱。他说，有一次去邻居家玩耍，后来，邻居家的奶奶丢了钱，说就是他偷的，并且还找到他的家里，很确定地跟他妈妈说："就是他偷的，他去玩耍后钱就丢了。"他被妈妈打了一顿，但他实在是被冤枉的。从此，他感觉自己受伤了，再也不想到别人家里玩耍了，特别是不会单独去。从那之后，他也不爱和别人沟通交流了，活泼好动的他对别人也有了防备之心。他还说，这件事给他造成的心理阴影很大。

别人冤枉了孩子，孩子可能不会一直放在心上，但如果自己的父母也冤枉自己，那将是一种难以忘记的痛。

还有一位二十出头的小姑娘说起妈妈冤枉她时，眼泪都快流出来了。她说，有一次，爸爸从妈妈包里拿了钱，没有和妈妈说，妈妈发现钱少了后，就说是她拿的。她说没拿，妈妈竟然不相信，还

去找她的小伙伴求证。更让她受不了的是，妈妈为此还打了她，她特别不服气，感觉被冤枉了。因此，她就开始了三年的叛逆期。

现在她说起当时的感受，眼泪直在眼眶里打转，她说感到很委屈，为什么妈妈不信任她？为什么要打她？妈妈一旦找不到东西就问她："你把那个什么东西放哪里了？"她说就是她两个月没在家，妈妈还是会打电话质问她。

我问她："长大后你有没有跟妈妈沟通交流？妈妈有没有给你道歉？"她说："没有。"我说："你的妈妈欠你一个道歉！"她的眼泪瞬间流了下来。

慢慢地，她长大了，心智逐渐成熟。她说，她尝试着理解妈妈。有一次明明听到妈妈对爸爸说，她冤枉了女儿，可是妈妈没有道歉，或许是因为妈妈放不下她作大人的面子。妈妈经常找不到东西，就打电话质问她，或许是因为妈妈想她了，只是找了一个借口。听到女孩释怀了，我感到很欣慰。

如果孩子经常被父母冤枉，那么孩子很容易将压抑的心情积压在心里。一旦孩子长大有足够的能力去反抗父母时，他们就有可能不顾一切地与父母作对。所以，父母在陪伴、教育孩子的过程中，一定要客观、冷静地看待问题、分析问题，给孩子一个解释的机会。

四　认知有限

在孩子成长的过程中，父母都是尽心尽力地给孩子提供良好的教育环境，但由于有些父母本身认知有限，难免会给孩子带来一定的伤害。

我有点害怕

三岁半的小杰，见了陌生人就躲，即便是见了曾经认识的人，也不想靠前，而且还会和我说："妈妈，我有点害怕。"

小杰从前可不是这个样子，那时见了谁都一副高冷的样子，到别人家做客就像在自己家里一样一点都不拘束。

为什么突然出现这么大的变化呢？到底发生了什么事呢？我琢磨了好长时间，这大概起源于我给他读的一本关于陌生人的绘本故事吧。故事中的小朋友在幼儿园里上学，有一个坏人假装是妈妈的朋友到幼儿园里接他，幸亏老师发现端倪，报了警，结果坏人被警察带走了。

小杰可能是听了这个故事，开始对陌生人及不太熟悉的人有了重新的认识，有了过度防御的心理。我没想到一个故事竟给他幼小的心灵带来了伤害，我有些后悔，或许有些问题应该等他有辨别是

非能力的时候再说，又或许讲故事的时候，我应该跟他多分析几句，及时疏导他。

这让我又想起来一本绘本《歪歪兔迟到了》，歪歪兔因为赖床迟到了，她最终也尝到了迟到的后果，但小杰并不关注歪歪兔迟到的后果，而是对歪歪兔赖床感兴趣。原来那个醒了就一骨碌爬起来，嘴里喊着"起床了"的小男孩不见了，现在开始学着小兔子赖床了。

虽然说开卷有益，但带孩子看书一定要先去了解孩子的年龄特点，有选择性地阅读，否则就会产生意想不到的不良后果！

没有修好的收音机

在我的脑海里，一直记着一件小时候的事。20世纪90年代，我家里买了一台收音机，收音机很大，也很漂亮，但没听几天就坏了。大我三岁的哥哥把它给拆了，他说他听见里面有说话的声音，非要拆开探个究竟，并信誓旦旦地说："我一定会把它再装起来的。"结果，他有那个本事拆开，却没那个能力装上了，收音机就那样支离破碎地躺在大桌子上。母亲为此气得不得了。

现在，我们经常会看到有小孩把刚买来的新玩具拆开。孩子有这种"破坏"行为，一般都会被妈妈数落一顿。

蒙台梭利说："事实上，他的这种破坏行为恰恰是智力发展的标志。"孩子之所以会"破坏"玩具，是因为他心存疑虑，想知道玩具是怎么做成的，也就是说，他实际上是在满足自己的好奇心和探究欲。在玩耍的过程中，玩具的外观已经不能激发他的研究兴趣，所以他会把兴趣转移到玩具内部结构上，将它拆开，探究隐藏在里面的奥秘，这是孩子成长的一种自然倾向。

明白这个道理之后，我在想，我的孩子再有这样的"破坏"行为时，我应该为之庆幸，而不是一味地指责他，因为孩子在动脑思考。

懂他才是爱他

教育一直提倡正面引导。我理解的正面引导就是发现孩子的闪光点，放大孩子的优点，同时又让孩子认识到事实的真相和别人对他的真实评价。例如：一个三岁的孩子打其他孩子，我们首先要弄清楚孩子打人的原因。可能是孩子挨过打，体验过被打的滋味，认为打人是一种解决问题的方式；可能是孩子看过别人打人，是一种模仿行为，并不知后果是什么；还有可能是孩子认为打架是一种交往方式。

但不管是什么原因，打人就是对别人造成伤害，家长首先要有一个明确制止的态度，通过家长的态度，孩子会感受到这种行为的不对。家长要严肃认真地表明态度，告诉孩子：这样做是不对的，不管是什么原因，而且要跟对方道歉。

家长要让孩子通过外在的真实反馈，从自我认识，到认识他人，逐步明确自我和他人的界限。

懂孩子、理解孩子，孩子才会幸福快乐地成长。

可爱的小鸡

带孩子回老家时，发现邻居家买了四十多只刚出生的小鸡，一身黄色的柔软的绒毛，叽叽叽地叫着，真可爱。小杰很喜欢，想要两只，邻居便送给了他两只。回家找了个纸盒，放到阳台上养着，我和小杰经常一起坐在那里看小鸡吃米、喝水、梳理羽毛。有时小

杰也会把米放在手心里喂它们，听它们"叽叽叽"地叫着，我很享受这个一起成长的时光。

慢慢地，小鸡长出小翅膀和小尾巴，不甘心待在纸盒里，它们要努力地向外飞。每当要飞出去的时候，他会躲着小鸡，真是又喜欢又害怕。后来，小鸡长大了，不适合继续养在家里了，经小杰同意，我们把小鸡送到乡下奶奶家。

这让我又想起了大儿子养小狗的事。大儿子十一岁那年，单位的门卫大爷听说他喜欢小狗，就给了他一只。小狗非常可爱，大儿子非常喜欢，经常逗它玩。每天早上，我出去散步，这只小狗就跟着我屁颠屁颠地在后面跑，我也挺喜欢的。但这只可爱的小狗也有"不可爱"的地方，那就是随地大小便，沙发底下、茶几下面都是它方便的场所，为此，我很"头疼"。有一天，我带着小狗出去散步，遇见一位奶奶，这位奶奶也很喜欢小狗，一召唤，小狗就跟着她走。我见奶奶很喜欢小狗，正好也想把小狗送走，就趁机把小狗送给了奶奶。

回家后，大儿子问："小狗呢？"我说："它随地大小便，把家里弄得太脏了，妈妈实在没时间打扫家里的卫生，我便把他送给一位奶奶了。"大儿子一听就不乐意了，非让我去要回来，但那位奶奶我也不太认识，小狗真的要不回来了。

后来我有些后悔，儿子哭得很伤心。我知道儿子喜欢小狗，并和小狗有了一定的感情，我没有经过他的同意，就随便把小狗送人了，我的做法的确欠妥。儿子很长时间一直对这件事耿耿于怀。

孩子的情感被忽视，容易给孩子造成心理创伤，而且很难愈合。作为父母，我们要学着和孩子沟通，全神贯注地倾听，然后体会孩子的感受，换位思考，与孩子共情。

五　隐性的伤害

美国发展心理学家哈洛，做过一个有名的心理学实验。

他把刚出生的小猴子与妈妈分离，给小猴子找了两个替代"妈妈"。两个"妈妈"外形上都相同，身体里都塞了一个提供温暖的灯泡。不同的是，一个是用铁丝做的"妈妈"，但身上挂着一个奶瓶；而另一个是用木头做的，外面还包裹着一层海绵的绒布，但是没奶瓶。说白了，一个是"耐心、24小时都有奶喝的'妈妈'"，另一个是"柔软、抱着舒服的'妈妈'"。哈洛说因为"接触安慰"，小猴子长时间依偎在绒布"妈妈"的怀里，紧紧地抓住绒布，尽可能使自己的身体与"绒布妈妈"接触。而且无论什么时候，只要小猴子受到惊吓、感到烦恼或生气，它就会紧紧抱着"绒布妈妈"。

其实，刚开始，小猴子是喜欢"铁丝妈妈"的。原因很简单，"铁丝妈妈"有奶喝。但是没过几天，小猴子只会在饥饿的时候才找到"铁丝妈妈"，其余大部分时间都与"绒布妈妈"待在一起。

小猴子会爬到"绒布妈妈"的身上，趴在她的胸前，时不时用手去抚摸她的脸，或者在"绒布妈妈"的腹部磨蹭好几个小时。似乎"绒布妈妈"身上有更多的安全感。

可见，妈妈所担任的角色并非只是给宝宝提供奶水等物质支持这么简单，更重要的是给孩子提供足够的安全感。孩子在婴幼儿阶

段，父母尤其是妈妈要多抱抱孩子，多给孩子一些温暖的抚摸。那么，是否只需要每天抱抱孩子，多给孩子一些肢体接触就可以了呢？

事实并非如此简单。

几年后，与"绒布妈妈"共同生活的小猴子，成长并不顺利。哈洛把小猴子移出隔离的笼子，让他与其他正常成长的小猴子共同生活。小猴子出现了极度不合群的行为，甚至出现了类似自闭的症状，例如不停摇晃、啃咬自己的手臂等一些可怕的行为。

哈洛很失望，他自认为已经找出影响养育后代的重要因素——身体接触，认为只要能提供肢体接触，任何人都可以正常成长，结果却发现远没有那么简单。

问题出在哪呢？

于是，哈洛对实验进行了改进，为小猴子制作了一个可以摇摆的"绒布妈妈"，并保证小猴子每天都会有一个半小时的时间和真正的猴子妈妈在一起玩耍。

几年后，哈洛的研究小组告诉大家："我们终于知道，是什么影响养育后代的变量，不只是接触。我们让小猴子和会动的代理母猴一起生活，此外，小猴每天可以和一只真的猴子一起玩耍半个小时。这样一来，小猴成长得就很正常。这表示养育后代与"爱"这种情感有关。

哈洛的一系列关于小猴子的实验，我们看来是残忍的，这样的实验也不可能再重复操作。但是我们可以从中看到：互动，特别是母亲和孩子之间的互动，也是人类所必需的。

并不是父母生下孩子，给孩子提供好的物质条件，吃好、穿好，孩子就能健康地成长。事实上，孩子更需要的是一个会给予他安慰、拥抱的人，也需要一个能和他互动、情感上有交流的人。

姥姥去了遥远的地方

和孩子读过一本绘本故事《姥姥去了遥远的地方》，故事的内容大体是这样的：爸爸妈妈工作忙的时候，姥姥照看我，我是姥姥小小的影子。春天，我和姥姥去山上喂松鼠；夏天，我和姥姥一起看乌龟；秋天，我们一起扫落叶；冬天，姥姥陪我去滑雪……

在这个故事中，孩子对姥姥的依恋之情、思念之情跃然纸上，对我的触动很大。在此，我想到的就是故事的主人公"杰瑞"的教养模式。孩子出生后的"重要他人"由妈妈转为姥姥，从而孩子和姥姥建立了深厚的感情。

在生活中，不少孩子因为父母在外地工作，无法生活在一起，自然和父母的感情淡了。等长到一定的年龄，再回到父母身边时，没有一定的感情基础，难免会出现种种问题。有的父母能及时弥补，有的孩子或靠自己或靠他人能进行自愈或疗愈，也会慢慢理解并释然，但有的孩子就没那么幸运了，缺少父母陪伴的童年成为他们一辈子的痛。

那种痛自己释怀

《发现母亲》的作者王东华老师在书中写了他自己的成长故事。他出生在三年困难时期的第三年，当时虽然日子很艰难，但作为家族的长子、长孙、长外孙，他的出生给父母带来了极大的喜悦。遗憾的是，他出生半年后，因家庭出现状况，被寄养在了外祖父那里，而且一住就是十年。

十年后，他重新回到父母身边时，迎接他的再也不是离开时那

个喜悦的景象了。家里已有两个弟弟，生活水平也降低了很多，因为他重新回到家里，经济就更显紧张，而且原有的家庭秩序也被打乱了。更糟糕的是，由于生活习惯差距较大，他无法及时适应家庭环境，在家里显得格格不入。他清楚地记得他被父亲"打服"了的那一次，从此之后，他就在心灵深处默默对抗这个家，对抗父母，因为他感觉家已不再是避风港。随着年月的增长，这种敌对不仅没有消除，反而更加激烈。

他从一个无法无天的"孩子王"沦为家庭的出气筒，告别了那段短暂而美丽的玫瑰色童年，他开始了对家、对父母、对生死的思考。他考大学最强烈的动机不是别的，而是要远远地离开这个家！他无时无刻不在寻找着各种发泄途径。

他说最终让他释然的是一本书《早期教育与天才》，这本书及时雨般地疏通了他被痛苦淤积的心灵，让他找到了一个理解这个世界和社会的窗口，找到了一个理解自己人生、理解自己成长的顾问，也找到了一个理解他人、理解自己不幸的根源。

最终，他理解了父母，理解了那个时代，这是幸运的，也是值得庆幸的。他通过自己的努力走出了困境，所以，他成了王东华。

童年记忆是最初的人生体验，带着特殊的味道，充满了丰富的感官体验。如果一个孩子的童年不快乐，那么相关的记忆可能会深深地隐藏在其潜意识里，造成一些心理阴影。

六　过度包办

　　有些家长会这样想，孩子只要好好学习，别的什么都不用干。这样的家长过于关注孩子的学习成绩，错误地认为学习成绩代表了孩子成长的全部。《弟子规》有言："弟子规，圣人训，首孝悌，次谨信，泛爱众，而亲人，有余力，则学文。"其大意是：学生在家里应当孝顺父母，出外要敬爱兄长，对人恭敬有礼，说话做事谨慎而严密，为人诚实而又守信用，对人有广泛的爱心的同时，要亲近品行高尚的人，做到这些之后还有多余的精力，再去学习一些有益的知识。

　　其实成绩只是孩子成长的一个"副产品"。家长并没有很好地理解学习的定义，到底什么是学习？学习应该是广泛的，不是狭隘的、单一的只定位于文化课的学习。

　　为什么随着孩子的长大，很多孩子丧失了学习的能力呢？与其说丧失了学习的能力不如说丧失了学习的动力。我们疑惑为什么会这样？我想，这是因为家长给剥夺了他们成长的权利。例如，有的家长给七八岁的孩子穿衣、喂饭，甚至都不让孩子自己走路。我曾看见过一位大爷送他的孙子去上学，他把孩子放在宝宝车里推着，从夏天推到了冬天，冬天冷了就在他身上盖个大袄。像这种过度包办、过度的爱，容易让孩子养成不良的行为习惯和懒惰的思考习惯。

长时间这样下去，孩子还能会什么？最基本的生存能力和生活能力都没有了。动手比动脑容易得多了，如果孩子都不愿动手了，更何况是动脑学习呢？

咬不动的鸡蛋

忘记在哪本书上看过这么一个事例：学校组织高中学生外出活动，需要自备午餐。到了午餐时间，老师看到有一个孩子一直不吃午餐，就问他："你怎么不吃饭呀？"学生说："没法吃，鸡蛋咬不动，在家吃的鸡蛋是白色的，一咬就咬动了，但这个很硬，咬不动。"原来，这个孩子在家吃的鸡蛋都是妈妈剥好的，直接就可以吃，他长这么大从来没有自己剥过一次鸡蛋，结果就出现了上面的一幕。这是不是值得大家思考与反思？这样的孩子将来踏上社会，又怎么适应社会？

我们也听过，有个别大学生在学校不能正常生活，被学校劝退了，或还有继续需要父母在大学陪读的。这是孩子的错吗？不，这是家长的错，是家长对孩子的过度包办，也可以说是极度不负责任造成的。有家长常对孩子说：你只管学习就行，别的不用你管。现在我们一定要深思了：试想一个孩子如果对自己的事都不负责，怎么会有家庭责任感呢！又怎么会对社会负责呢？

《特别狠心特别爱》的作者沙拉，把三个孩子照顾得无微不至，辛辛苦苦想成为一个"一百分母亲"。孩子们当时只有一件事——学习，不用洗碗、不用做饭、不用叠被子，妈妈就是他们的"洗碗机""洗衣机""电饭煲""清障机"。她曾经为自己的能干骄傲，孩子们跟其他家庭的孩子一样，不需要为家里担心。直到移民以色列，邻居大婶的一句话点醒了她，这位大婶毫不客气地对她说："别以为生了孩子你就是母亲。天下父母没有不爱孩子的，但是，爱孩子要有分寸、有原则、有方法!"

试问，这段话有没有点醒我们?

孩子是独立的人，而不是父母的附属品，他们终究是要长大走上社会的。如果家长不放手，不让孩子锻炼，那么孩子长大后如何自己生活，如何报效祖国，如何成为社会主义建设的接班人?

不是为了吃花生米

有一天早上吃早饭时，我在吃花生米，小杰看见我吃花生米也想吃。在他伸手拿花生米时，我顺手把一个剥好的花生米递给了他。在递给他的那一刻，我立马意识到我做错了，我潜意识的包办行为又开始了。事实也证明了我的想法，他接过后并没有直接放在嘴里，而是随手放到了桌子上，然后拿了一个花生，准备自己剥。

我想，这也许就是父母和孩子的区别，父母总想着为孩子多做点，孩子更想自己做事情。有时候父母并不了解孩子，不理解孩子行为背后的原因，做了很多费力不讨好的事情，不仅误解了孩子，还埋怨孩子不识好歹，从而伤害了孩子。

父母要学着放手，让孩子做自己该做的、能做的事，享受做事的过程，体验独立做事的快乐和满足。

孩子的鞋带谁来系

以前在网络上看到过这样的新闻：一个学生因为妈妈没有钱给她就对妈妈大打出手，以至于围观群众看不下去而报警。试问孩子的孝心、同情心、同理心……都上哪去了?在责问孩子的同时，我

们是不是也要问一下这位妈妈从小是如何教育她的？

有一天，走在路上看到过这样一幕：一位母亲正蹲着身子为他十岁左右的儿子系鞋带，系得一丝不苟。而儿子手里拿着装满麻辣烫的杯子，正在津津有味地吃着，吃得心安理得，脚也伸得理直气壮。这个画面让我感到不舒服，而且还时时浮现在我的脑海里。

长期被父母包办，在溺爱中长大的孩子，往往只追求自我感知的满足，待人缺乏真诚，不会考虑他人的感受，缺乏明辨是非的能力，责任感也不够强，失去了本应该具备的独立能力。作为父母，对此一定要有一个清醒的认识，给予孩子正确的教育和引导，让孩子明白对与错、好与坏、能做与不能做。

七　焦虑

看过一个视频，一个教小提琴的老师说："孩子小的时候你担心他学习不好，怕他考不上好大学，怕他长大了找不到好工作，那这个孩子就废了。"这是家长普遍都有的一个焦虑现象，随时都能表现出来。

怕什么来什么

小杰两岁多的时候，有一段时间，坚持六七天没有尿床。有一天晚上，我特意夸赞小杰，说："小杰有好几个晚上都没尿床了，真棒，今晚也别尿床哟！"

结果那天晚上，小杰尿床了。我在反思自己，我为什么要那样和他说呢？是怕他晚上尿床，所以嘱咐他不要尿床吗？这种怕他尿床的背后，我到底表达了什么？表达了我对他的不信任，不相信他不尿床，或许他能感觉到。同时，还给他传递了一个错误信息：可以尿床的心理暗示。人是具有"心理暗示"功能的高级动物，所以在说话中，我们要努力做到"三思而言"。

我们经常听说"怕什么来什么"。这是不是就是心理暗示功能的体现？

第二章　直面风雨的影响

就像一个同事说她的妈妈在照看孩子时就怕孩子磕着，结果孩子经常磕着，都是同样的道理吧！

叛逆也许是件好事。一个好朋友和我倾诉，她常常因为学习的事和儿子争得面红耳赤，不欢而散，而儿子还偷偷摸摸打游戏。儿子眼看上初中了，但他一点也不着急，当妈的心里是火急火燎。

和我这个朋友处境相同的父母，想想自己当年何尝不是这个样子呢？

我们在向孩子索要什么？学习成绩代表着什么？代表孩子将来有个好的未来，出人头地吗？有家长以为学习好就万事大吉了，不管这个成绩是怎么得来的，在这个过程中可能无形地损害了孩子的身心健康。

看过这样一篇文章：有个孩子的母亲从小对孩子充满了很高的期望，在孩子很小的时候就开始对其进行各方面的培训。孩子在各方面表现得也很优秀，母亲很满意，目标是把孩子培养成哈佛生。孩子其实有自己理想的目标与学校，但母亲不同意，必须按她的计划上哈佛大学，因为这是母亲一直以来的培养目标。孩子如母亲所愿，顺利地考上了哈佛大学，可他也不再学习了，他沉迷于网络。因为他已完成了母亲的任务，他想以此来反抗母亲。

这个结果是我们都不想要的，谁来给孩子的人生买单，谁又能买得了呢？

朋友的孩子敢于和母亲争辩、反叛，也许是一个好现象。孩子及时对父母发出了信号，迫切需要有人懂他，理解他的信号。孩子叛逆也不完全是孩子的错，可能是父母没有给予孩子需要的东西，没有关注孩子。有的父母不知道给孩子什么？怎样给？什么时候给？这恰恰是父母该做的功课！

再不走我就打你

有段时间，小杰对上学一直不积极，早上起来就问上学的事，老是磨蹭磨蹭不想出门。

有一天早上，好不容易把早饭吃了，又要看书，说看完一本就行了，结果看完一本，再看一本。我一直耐着性子陪着他，最后实在忍不了了，就说："看完《三只小猪》还不走的话，我就要打你了！"小杰听我语气不好，看完这本书也就乖乖地上学去了。

把他送到幼儿园后，我又略感后悔，我这不就是在用威胁、恐吓的方式控制他吗？很明显，今天我没有考虑他的感受，没有共情他，没有找出他不想上学的原因。表面上看，他是去上学了，但他情愿吗？他在学校里快乐吗？这应该是我要去关注和探寻的。

作为一名教师，我能感受到作为家长的心情与心态，也能理解家长的焦虑。

"再不走我就打你了。"我很后悔说出这样带有威胁性质的话。

乐团演唱会

五一放假期间，商场比较热闹，一进商场就听到巨响的音乐，震耳欲聋。说实话，乐盲的我对音乐并不敏感，对演唱会也没什么兴趣。在家的时候，偶尔被大儿子强行拉着陪他看看唱歌的综艺节目，也是没什么特殊的感觉。年轻时代对我来说已是过去时了，现在更多的是热衷于人到中年的生活琐事。

经过一个演唱会现场，一个小伙子正在唱歌，我驻足聆听，因为他唱的正是我大儿子经常听的一首歌。我虽然说不出歌名，但非

常熟悉旋律，让我莫名地有些感动。

台上的小伙子和我大儿子一样的年龄，身旁还站着三个青年，也在卖力地演奏乐器。看着如此场景，心里全是大儿子。他们正值青春年少，想说就说，想唱就唱，生活得无所顾忌，青春真好。

回想起让大儿子学钢琴，最初就是为了让他将来能更洒脱地生活，培养一点艺术细胞，提高一下生活品位。可是，学着学着，就忘记了学习的初衷，对他的要求越来越苛刻，考级成为一个固定目标，全然没顾孩子当时的心理感受。最后以摧残孩子的心灵为代价，换来了钢琴八级证书，但现在也很少再见大儿子弹钢琴。现在想想，虽然当初花了不少钱买钢琴、学钢琴，拿出大量的时间陪他练琴，但是学琴练琴的生活就像打仗一样，完全没有幸福感可言。

有时候我在想，没有活在当下，没有尊重儿子，多年强迫他学琴，一厢情愿地付出，到底是为了什么？

小伙子又唱了一首《勇敢去追》，我听着听着，竟然流泪了。忽然，有些理解现在青年一代的思想和追求了。

现在，我和大儿子的心越来越近。慢慢地，我开始喜欢有歌声、有音乐的生活。

父母一定要尊重孩子，承认孩子有自己的兴趣爱好，有自己的思想意识，然后帮助他们放大身上的闪光点。

八　功利心

在孩子的成长过程中，家长的功利心的想法和做法并不少见。

阅读的初心

五一假期的最后一天，我们驱车带小杰来到一个花团锦簇的旅游景点，感受另一种生活。小杰最近痴迷火车，一进景区的大门，就看到很多辆迷你小火车排队等着，这样的机会他是不会错过的。虽然今天是立夏，但风还有点凉，我选择了独自徒步游览，小杰和爸爸乘坐小火车。

漫步于花海，总归是美的。我边走边思绪万千，最近看书上瘾，不想错过读书的每分每秒，便忽视了现实生活。好久没有和小杰一起读书了，每当晚上睡觉的时候，他总会说："妈妈，看看书呗！"一听他要看书，我会理性地坐起来，拿一本他点的书读给他听。读着读着，我已睡眼蒙眬，自己都不知读了些什么，可儿子却玩得不亦乐乎。有时忽然清醒，我是不是被儿子套路了，他不是想看书，而是找个不想睡觉的理由。

有时我又在想，他为什么想玩，却找了一个看书的理由呢？是不是我让他读书的功利心被他感觉到了？他在投其所好地寻找解决

问题的方法？对于阅读，初心是什么？目的是什么？我的初心是想让书陪伴孩子成长，在无形中培养孩子的阅读习惯，让他爱上阅读，享受阅读。

记得大儿子五岁那年，我要给他读个故事，他很高兴地坐到了我的身边，但我提了个条件，听完故事，我要提问故事内容。大儿子听完后，直接说："不听了。"接着便跑出去玩了。

时隔十几年，这件事会不经意间跳出脑海，越发清晰。这可能是在提醒我，阅读的目的其实很简单，就是享受读书时的安静。

我继续往前走着，继续思考着……

九　不被重视

下午五点多，我在家做饭，小杰和爸爸出去玩。小杰出去时没有和我打招呼，我忽然觉得怎么这么寻常的事，我会这么在乎呢？

《弟子规》有言："出必告，反必面。"大意是：外出时，要向父母禀报，让父母知道自己的去向；返回时，要到父母面前说一声，自己回来了，这是安父母之心。

实际上，我在出门的时候也没有做到"出必告"，一般想出门就直接出门。自己都做不到的事，我为什么要求孩子一定要做到呢？

我出门没有和小杰打招呼，是不是潜意识里没有给予孩子足够的重视和尊重，没有对等地看待我们的身份？看似不经意的一件事，对孩子却有一定的影响。父母的一言一行、一举一动都是教育，言传身教是最直接也是对孩子影响最深的教育方式。

我想，以后出门我要和小杰做到"出必告"，让其养成"出必告，反必面"的好习惯。这句话看似简单，却蕴含着做人做事的大道理。

不用管他

每个人都想被重视，在家里希望家人重视，在单位希望领导重

视。人一旦被重视就会觉得自己有价值，就会有生活的动力。那么，孩子同样需要被重视，家长对孩子的重视与否对他的一生都有影响。

　　一位朋友聊起了一件事，直到现在说起来她都觉得愤愤不平。事情是这样的：在她很小的时候，有一天，她的妈妈去她姥姥家了，爸爸在家照看她和弟弟。已接近中午，妈妈还没回来，爸爸不会做饭，就只给弟弟冲了一碗红糖水，没有给她冲。当时她也没有说什么，只是心里馋得慌。今年她三十多岁了，说起这件事时她竟哭了。她说她觉得很委屈，凭什么只给弟弟冲一碗而不给她。她还说，在她小时候，有很多事情爸爸妈妈只想到了弟弟，而忽略了她，这样很不公平。

　　实际上，许多父母可能都会犯这样的错误，在多子女家庭中，父母会重点顾小的。但是这种养育孩子的方式，对家里大点的孩子造成了很大的创伤。在孩子的心里，她可能会有一种不被重视的感觉，觉得自己不值得被爱，从而产生自卑的心理。

　　这让我想起了我的大儿子。在他还小的时候，每次带他走亲戚，亲戚们对他都格外地照顾。我觉得没有必要，就对亲戚说："不用管他。"就这样一句客气话，竟被儿子记在了心里。后来，突然有一天，儿子问我："妈妈，你怎么说不用管我？"时间久了，我也忘记当时是怎么回答他的。但这件事我记得很清楚，一定是儿子觉得我不够重视他了，或者不够爱他了。

　　如果家里子女多，那么父母要做到公平对待，凡事不论大小只分对错。父母要给予孩子相同的爱和相同的纪律要求，不偏爱任何一个孩子，让每个孩子都能感受到父母的爱和家庭的温暖。

吃个梨子这么难吗

放学后，同事六岁的孩子到我们办公室里玩，办公室里有一个梨子和一根香蕉。

孩子说："妈妈，我饿了。"

妈妈知道孩子的心思，就说："你想吃什么？"

孩子说："我想吃梨子。"

妈妈说："你吃香蕉吧!"孩子不乐意。

我问同事："孩子想吃梨子，你为什么让他吃香蕉呢?"

同事说："吃梨子麻烦，还得削皮。"

生活中这样的例子太多了，孩子想干的事、想吃的东西得看家长的心情，否则，根本得不到。

这样的事情可能大家觉得没有太大问题，事实上也不是什么大问题。但孩子的基本需求没有得到满足，想法没有得到基本的尊重，心里会不舒服。孩子的想法和决定被否定，尤其是被最亲近的人否定，长时间这样，会让孩子否定自我，认为自己的想法和决定是不正确的，继而怀疑自己，缺乏主见性，对人格的健全和良好性格的养成都有很多不良影响。

3—6岁是孩子成长的一个关键期，家长对待孩子要三思而后行，慎之又慎!

让人心疼的乖孩子

如果家里有两个孩子，那么站在父母的角度，往往会向着小一点的或者弱一点的孩子。这样对孩子公平吗？这让我想起了电影

《被嫌弃的松子的一生》中的松子。就因为她是一个健康的孩子，父亲觉得她懂事，所以对她放心，然后把所有的心思和精力放在了有病的妹妹身上。

实际上，每个人都需要被重视，这也是每个人最基本的需求。孩子为了得到这种需求，就会通过努力使用各种方法来引起父母的注意，就像松子用扮鬼脸的举动博得父亲对她的一个微笑。从此，她就用扮鬼脸的方式讨好父亲，渐渐地就形成了讨好型人格。

父母在忽视孩子的同时，必然会忽视孩子的情感需求。孩子应该得到的爱没有得到，就像松子的父亲买了玩具，松子以为是给她买的，结果父亲把手提包往她手里一塞，拿着礼物上楼送给妹妹了。那一刻，松子呆住了，她的情感凝固了，她也想要父亲的这份爱。

最后，不管松子怎么努力，也得不到父亲的爱了，因为父亲不在了。多年以后，松子变成了一个臭烘烘的老太婆，一天到晚只知道喝酒，像个乞丐一样地生活。

艺术来源于生活。生活中，懂事、乖巧的孩子往往让父母特别省心，很是放心。但是这样的孩子往往最容易受伤，他们对外只表现好的方面，不敢表现不好的方面，把一切不开心、不快乐压在了心底。

懂事的孩子往往过早地注重他人的感受，放弃了自己的诉求，不敢任性，小心翼翼。"懂事"慢慢地扎根在孩子的心底，桎梏着他们的心灵，绑架着他们的童年，甚至整个人生。

十　自以为是

作为家长的我们，好为人师，时时刻刻想着要教育好孩子，按照自己的想法去安排孩子。其实，自以为是的教育难以给孩子树立规则意识，容易让孩子养成推卸责任。

乐乐磕倒了

这天上午，我们八九位老师站在一起讨论学校围栏的安装事宜。这时，乐乐骑着她的小自行车，跟在爷爷身后，朝我们这边来了。突然，她骑着自行车摔倒了，但爷爷没有看见，还一直往前走。我们示意爷爷向后看，让他知晓乐乐摔倒了。爷爷回头看到乐乐摔倒了，就准备返回去扶她。我及时阻止了爷爷，说："不用扶！您看，孩子都没哭，乐乐很勇敢，可以自己站起来的。"

爷爷停止了脚步，乐乐竟然趴在地上不起来。我们继续聊天，假装没看到，希望她通过努力自己站起来。

过了一会儿，乐乐又开心地骑在她的小车上了。我走过去和她打招呼，但她头一扭，根本不想理我，看来我这个"坏人"伤害到了她。爷爷赶忙解释说："刚刚磕着脸了，有点疼，要不早就自己站起来了。"

当天中午，我反思了一下这件事，觉得自己做得不妥当。当时没有仔细观察情况，以致乐乐摔伤了我们没有及时发现，而且在她特别需要我们帮助的时候，我们又远离了她。我的本意是为了她好，但没有考虑她当时的感受，让孩子的心灵受到了伤害。下午见到乐乐妈妈，我赶紧说明了此事，让她回到家再看看乐乐的情况，同时也代我给乐乐道个歉。

家长想要培养孩子的独立性，往往在很多情况下，选择不帮助孩子，让他们自己面对困难，自己解决困难。然而并不是所有的孩子都有那份毅力和能力去独自面对困难，当他们感到非常无助的时候，非常渴望有一双手来提供帮助。孩子要学会独立，身为父母或老师，一定要在科学正确的方法下，逐步培养孩子的独立性，同时也一定要告诉孩子，遇到不能完成或难以完成的困难时可以选择求助。

你得坐"飞机"

这里说的坐"飞机"是指游乐场里的娱乐项目。今天，小杰又提出去公园坐"飞机"，就要过年了，这个愿望可以满足他。本来陪儿子玩是一件很开心的事情，但今天的心情有点异样，这源自一对坐"飞机"的母女。妈妈陪女儿坐"飞机"，本是很好的陪伴，但一岁左右的女儿怎么也不坐，哭着要下来，一个劲地往下挣脱。通常情况下，妈妈看到孩子这样哭闹，应该带她下来，进行安抚。可是这位妈妈坚持把孩子按在座椅上，好像在说："你必须坐，没有余地，不坐也得坐。"

看到此情形，我的心里真是难受，好心疼这个孩子，想说："你别让她坐了，孩子似乎很害怕。"但游戏开始了，"飞机"起飞了，孩子竟然也好了。虽然孩子不哭了，安静地依偎在妈妈的怀里，但我的心还揪着，担心这个孩子心里从此留下阴影。

有时候我就在想，爷爷奶奶看孩子一般不会让孩子哭，哪怕是孩子不合理的要求，老人也会无原则地答应，我们也都很反对这种隔辈亲的无原则的爱。但今天，一些年轻妈妈不管不顾孩子的感受，完全按自己的想法控制孩子，对孩子的痛苦无动于衷，这种爱真的好吗？

孩子的教育任重而道远，其实父母的成长更是任重而道远！

第二章 直面风雨的影响

十一　比较

有些父母喜欢拿自己的孩子和别人家的孩子比较，这种思想已内化到他们的骨子里去了，不经意间就会开启，这对孩子的成长非常不利。

你要比别人好

有一次，和老公一起陪着小杰到游乐场玩，三岁半的他表现得很勇敢，一个比较高的爬网他也敢爬上去。老公为了表扬他就说："小杰真勇敢，能爬这么高了，很多小朋友还不敢爬呢！"我小声和老公说："你说他就说他，不要再说别人了。"

作为父母，我们一定要多鼓励孩子，不能只看横向差异，还要看纵向变化，看看孩子今天比昨天有什么进步，有哪些改变。

总有家长喜欢把自家的孩子跟别人家的孩子做对比，这会给孩子造成很重的心理负担。我们要知道每个孩子都是不可替代的，都有自己的闪光点。如果父母希望自己的孩子表现得更好，一定要学会适时地表扬他，鼓励他。

小螃蟹能走直线吗

曾听过一个蟹妈妈教小螃蟹走路的寓言故事，深受启发。故事是这样的：

母蟹生了一只可爱的小螃蟹。母蟹十分疼爱小螃蟹，对小螃蟹的教育很重视，也很严格。

有一天，母蟹准备去"螃蟹商店"买东西，带了小螃蟹一起去。

路上，母蟹看见小螃蟹走路的样子，觉得很难看。就对小螃蟹说："儿子啊，你走路的样子很难看，你不要横着走了，你直着走路吧！"

小螃蟹回答说："妈妈，我生下来之后一直是这样横着走的，我不会直着走呀！"

"你试试看呀，说不定你一试就能直着走路了。"母蟹说。

"好，"小螃蟹蛮有信心地说，"我试试看。"

可是，小螃蟹笔直地面向前方，一走起来，身体就不由自主地转了回来。

小螃蟹着急地喊母蟹："妈妈，我不能直着走路，你来给我示范一下。"

"好吧，在妈妈示范的时候，你可要好好看清楚。"

可是，母蟹与小螃蟹一样，身体好像被强迫着转了回来。母蟹试了好多次，都急出了汗。

小螃蟹对母蟹说："妈妈，原来你也不会直着走路呀！"

母蟹听了，羞愧地低下了头。对小螃蟹表示抱歉："儿子，对不起，妈妈错了。"

寓言故事总是隐喻生活中普遍存在的现象。这个故事中的蟹妈妈是生活中多少妈妈的真实写照呀！她把自己的意愿强加在孩子身上，不考虑孩子的实际情况，还总是觉得自己有理。讲道理成为家长们普遍运用的教育手段，但也是孩子很反感的一种教育方式。

故事中的蟹妈妈最后还能反思自己，觉得自己错怪了孩子，并向小螃蟹道歉。但生活中有一些妈妈是不会向孩子道歉的，即使错了，也会用"我错我有理"的气势压制孩子。如果父母错了还不承认错误，这样固执的性格会导致孩子也学着犯错不认错，不利于孩子的身心健康。

第三章

汲取成长的营养

在孩子的成长过程中，父母由于认知有限，有意无意地给孩子造成了一些伤害。对此前一章已经举了很多例子，有的家长可能会对号入座，也可能会有所反思。那么，在孩子的成长中，怎样做才能让孩子健康快乐地成长呢？

一 充分利用家庭环境

现在考虑到孩子的安全问题，孩子自由出去玩耍的机会少了，居家的时间相对多了。为了弥补孩子玩耍内容的缺失，我们在家里要充分利用家庭环境为孩子准备一个丰富的、可供玩耍的生活空间。

锅碗瓢盆交响曲

孩子对厨房往往很感兴趣，里面的物品种类多样，形状丰富，是孩子非常喜欢探索的家庭领域。小杰三岁多一点的时候，就喜欢进厨房，站在灶台前，对各种厨具充满了好奇和探索兴趣。锅、碗、瓢、盆，勺子、铲子，以及油、盐、酱、醋等调味品都得看一看、动一动，还得试一试、尝一尝。有时，我做饭时他非要进去看一看，我只好给他拿个小板凳，让他站在那里看我炒菜。

厨房确实不能变成孩子"工作"的场地，我们最好在家里给孩子开辟一块可供探索的新空间，可以按照厨房的摆设为孩子准备一个厨艺区。在幼儿园里设置一个娃娃的家，放上一些生活中的厨具模型和物品，供孩子体验，也是为了满足孩子这一阶段的发展需求。

卧室有温情

卧室可以说是让人最放松的地方，我累了的时候、心情不好的时候，最想去的地方就是卧室。往床上一躺，心情就放松了许多，也可以趴在松软的床上听听音乐、看看书，尽情享受一份宁静。

小杰最爱把床当成蹦蹦床，每次都玩得不亦乐乎，而且每晚都躺在床上听我讲故事。卧室是一个充满温馨、令人放松和感觉舒适的地方。我们可以把这种舒适感投射给孩子，将睡觉的内容演绎成艺术。卧室的环境要想成为孩子发展的空间，就要有人气，要有人生活的痕迹，要有更多带有情怀和温暖感觉的被使用过的物品。

卧室是供人睡眠和休息的地方，同时也是一个滋养情感的地方，所以，有孩子的家庭应该将卧室当作与孩子共情的地方，可以和孩子一起读书，一起放松，共同成长。

客厅有学问

客厅是会客的地方，没有工作和客人的时候，我们可以在这里放松休息。如果父母认为自己在客厅里就只能放松，看看电视，看看报纸，那么客厅这么大的空间就浪费了。如果父母在客厅里休闲的方式与行为带有生活、审美、文化、艺术的气息，孩子就会在这里得到人类精神和文化的滋养。

我把我们家的客厅装修成了一个书房，既可以会客也可以阅读、绘画、写字，真正做到了一室多用，体现了客厅的多元价值，为孩子营造良好的学习氛围。

卫生间里有探索

卫生间是孩子非常喜欢玩耍的地方，但往往也是成人限制孩子去的地方。玩水是孩子的天性，所以有时孩子会在防不胜防中走进卫生间。

一位同事说，她家的卫生间里大桶小盆里都盛满了水，他那两岁的儿子，只要看见卫生间开着门，就会偷偷溜进去，因此他家卫生间的门时常紧闭着。与其这样，就不如给孩子提供一些玩水的物品，让孩子尽情地探索，等孩子探索完成，需求得到满足后，也许对卫生间就不那么向往了。

家是孩子的底色，父母是孩子的底气。因此，良好的家庭环境对孩子的健康成长起着不可替代的作用。

二 温柔贤惠的妈妈

尹建莉老师有一本书叫《好妈妈胜过好老师》。书中写道："现代教育中，父母可以为孩子付出生命，却不肯为孩子付出时间和心思，时间和心思不就是和孩子共同成长的历程吗？"确实，孩子是和妈妈连接最深的，不只是身体上的亲密接触，还有心理上的安全需要。对孩子来说，妈妈是心中的第一位，是生命中无可替代的人。

学会观察

动画片里的佩奇和她的朋友苏茜在楼上玩的时候，她的弟弟乔治也非常想和她们一起玩，但佩奇不想让乔治加入她们的游戏，总是阻止他。在乔治感到非常尴尬的时候，正在做巧克力的妈妈请乔治帮她做事情，就这样悄无声息地转移了乔治的注意力。

妈妈这个看似无心的举动，实际上是有意而为。她并没有直接去干涉孩子们的玩耍，特别是没有用"大让小、大带小"的说服教育去要求佩奇，只使用了一个注意力转移法就协调了姐弟俩的冲突。

在听到佩奇和苏茜欢乐的笑声时，乔治又忍不住跑到楼上，再次想加入其中。这时佩奇的游戏正好需要一位"病人"，于是，她们请乔治来扮演她们的"病人"。就这样，孩子们自己解决了玩耍中的冲突问题。

当孩子犯了错又知道错的时候，当他用怯生生的眼神偷瞄你的时候，我们可以当作什么也没看见，不在乎这件事的样子，让孩子先放下心理负担。当孩子放松或快要忘记这件事的时候，我们要用适当的方式及时和孩子沟通交流，分析问题，认识问题，然后正确处理问题。

学会控制

动画片中猪妈妈经常说的话是"做得好，佩奇""做得好，乔治"，这样的夸赞语会让佩奇和乔治能够自信满满地去做任何事情，即使做错了，妈妈也不会发脾气。

这让我想起了一个同事跟我说的一件事：同事准备晚饭时，兄妹俩在看动画片《小猪佩奇》，内容大致是猪妈妈在用电脑工作，佩奇和乔治坐在猪妈妈腿上想用电脑玩游戏，结果佩奇把电脑弄坏了，猪妈妈的情绪没有直接爆发，而是很平静地请猪爸爸来修理电脑……

同事边做饭边说："猪妈妈真棒！"儿子问："怎么了，妈妈？"同事说："猪妈妈工作那么忙，佩奇和乔治还弄坏了电脑，猪妈妈控制了自己的情绪，没有生气啊！"这时闺女来了一句："妈妈，你要向猪妈妈学习呀……"

孩子的话外音，显然是我的同事没有做好。

同事说她对孩子有时没有耐心，动不动就发脾气，虽然她一直在努力控制自己的情绪，让自己改变，但时不时还是暴露坏脾气，这让孩子很有感触。她说她也在反思："我要多读书，好好学习，学会控制自己的情绪，努力为孩子营造温暖轻松的家庭环境。"

85

我想，同事能做到及时反思，在反思中不断地成长学习，是很可贵的，也是值得我们学习的好妈妈。

当你觉得孩子离开妈妈做什么都不可以的时候，当你觉得孩子什么也做不好的时候，当你觉得孩子除了学习什么也不用做的时候，你就错了。在孩子面前，妈妈要学会示弱，示弱可以让孩子变得更强，成长更快。

学会温柔

真正的教育力量，是妈妈在孩子的成长过程中，如何做到温柔以待。这里，我想用个反面的例子说一说妈妈的"温柔"对孩子的重要性。

一位同事跟我说她逛超市时看到的一件事：超市里人很多，一位年轻的妈妈带着女儿在超市里逛来逛去，购物车里已经放了很多东西。女儿虽小，但一直帮妈妈推着购物车，看起来很是可爱。当她们走到零食区时，女儿看到了货架上的巧克力，想让妈妈买一点。妈妈说，购物车里已经有很多零食了，不能再拿了。女儿不开心，有些闹脾气，站在原地不肯离开。

妈妈有些生气了，口气很生硬地跟女儿说："你这样耍脾气我也不会买的！"结果女儿直接伸手就去拿货架上的巧克力。

妈妈很生气，看着孩子跟自己反着来，不听劝，直接一巴掌扇在她的脸上。孩子或许是被这一巴掌打蒙了，抑或是真的打疼了，站在原地大声哭了起来。

孩子嗷嗷大哭引来周围人的窃窃私语，妈妈一时又尴尬又气恼，呵斥道："哭什么哭！说了不买你还要拿！这么哭鼻子，丢不丢人！这么多人看着你呢！"妈妈边说边拽孩子的耳朵。

孩子的耳朵被拽疼了，直喊："我不吃了，不要了，妈妈不要拽了！"

可是妈妈还是很生气，并没有停下来，还骂骂咧咧地说："真是白养了一个不懂事的女儿，整天就会惹我生气，给我找麻烦。"

此时，孩子已经吓得坐在地上号啕不止。

这个例子虽然有点极端，生活中这样的妈妈也并不多见，但是，面对这样的妈妈，我想问：你的温柔去哪里了？孩子的自尊去哪里了？

试想，这样暴脾气的妈妈会给孩子带来多大的伤害，相信只有她的女儿才能体会到。

所以，无论生活中还是学习中，即使孩子犯了错误，妈妈也要学着以柔克刚，用母爱的柔情面对孩子，帮助孩子解决问题。

学会冷静

遇事妈妈要学着做到客观冷静，给予孩子一个健康的安静的成长环境。

我在同事身上找到了这种安静的感觉，这种感觉很好，让人很舒服。后来，我惊奇地发现，她的这种平和安静的状态，让她的女儿发生了很大的变化。

我见过她女儿两岁半时的样子，当时给我的感觉是：这个孩子很平常又很调皮。几年后的一天，我再次见到了她的女儿时，惊讶极了。小女孩俨然成为一个大家闺秀，小小年纪气质沉稳，眉目疏朗。

当我好奇小女孩是如何有这么大的变化时，同事说做妈妈的要通过读书提升自己，保持平和情绪，言传身教，以身示范，给孩子

创造良好的生活环境。当我们一起讨论妈妈要如何保持平和情绪的时候，同事又说只需要"静"，客观冷静地看待问题、分析问题、处理问题。

对，就是这个"静"字，用在她身上最合适不过了，就是因为她身上具有这种"静"，也可以说是因为她能保持平和的情绪，她的女儿才会受到感染和熏陶，拥有这种沉声静气、气质如兰的美好。

有人说，推动摇篮的手也是推动世界的手，母亲的素质和气质影响着孩子的成长。我想，平和的情绪，客观冷静的心态，一定是孩子最好的心理营养。

三 大智若愚的爸爸

俗话说，母爱如水，父爱如山。所以，当妈妈含辛茹苦地照顾孩子的同时，爸爸也在努力地扮演他智慧的角色。所以，有人说，一个好爸爸胜过两百个好老师。

爸爸爱妈妈

在这个世界上，对孩子最好的家庭教育，就是爸爸疼爱孩子的妈妈。爸爸爱妈妈，不仅让妈妈幸福温暖，更会滋养好孩子。

如果妈妈过生日的时候，爸爸和孩子为妈妈精心装扮屋子，准备礼物，一定会给妈妈一个大大的惊喜。如果爸爸可以和妈妈看场电影，这是多么浪漫又有仪式感的事情。爸爸用这种形式表达对妈妈的爱，妈妈一定会特别感动，幸福滋味溢于言表。这种父母间的爱也会让孩子体会到幸福的感觉，并为孩子提供了家庭生活的样板。我相信，这个孩子将来的家庭也会幸福，这就是原生家庭爱的力量。

生活中，有的父母只是居家过日子，柴米油盐、锅碗瓢盆就是生活的全部，但少了一点生活的味道，缺少一点儿生活的色彩。

风趣幽默

动画片中乔治的泡泡吹完了，但他还没玩够，猪爸爸就用一个水桶装了一些水和洗洁精，开始自制泡泡水，然后用旧网球拍当作泡泡棒。制作完成后，猪爸爸像个孩子一样玩起了泡泡，乔治和佩奇一起追着泡泡跑，开心极了。这时，猪爸爸脚下一滑，一桶泡泡水全倒在他的身上了。他拿着网球拍一挥，挥出了一个大大的泡泡，全家人都映在泡泡里。动画片看着很搞笑，虽然猪爸爸有点滑稽和狼狈，但这样的生活充满了欢乐，一家人有满满的幸福感。

假如孩子过生日，妈妈准备了一个蛋糕，孩子特别高兴，想等爸爸下班回家后一起分享。可是等了很长时间，爸爸回家了，却并没有关注到桌子上的蛋糕，而是直接坐在沙发上看手机。孩子会不会瞬间感到失望，还有兴趣开心地吃蛋糕吗？

显然，爸爸可以是一个风趣幽默的人，能用心陪伴孩子，也可以是一个沉寂无声的人，完全忽略孩子。我想，如果每一个爸爸都努力地爱孩子，他一定会成为一个风趣幽默的人，也一定会让一家人快乐倍增、幸福满满。

宽容鼓励

动画片里佩奇和乔治跳完泥坑回到屋里，弄得屋里都是泥，猪爸爸并没有大惊小怪，不但没严厉地责备他们，还怕猪妈妈看见不高兴，于是抓紧帮他们清洗干净。佩奇让爸爸猜猜他们干什么去了？答案是多么显而易见啊，可是猪爸爸并没有直接回答，而是反问："你们看电视去了？"佩奇和乔治神秘地回答："不是，不是。"猪爸爸又猜："你们洗澡去了？"佩奇和乔治又回答："不是，不是。"第三次，猪爸爸问："你们跳泥坑去了？"这种故意给出错误答案的回答方式，给了孩子一种"成功"的感觉，也给了孩子很大的鼓励，可以帮助他们建立自信。

生活中，我们发现有一类爸爸有求必应，即无论孩子问什么问题，爸爸都会直接给出答案，快速帮助孩子解决问题。这样做既让孩子失去了独立思考的机会，也容易让孩子养成懒于思考的坏习惯。

宽容和鼓励是一种修养，是一种美德，更是一种高贵的品质。所以，为了让孩子拥有一个难忘的童年，爸爸也要多读书、多学习，增加育儿知识，拓宽知识面，在陪伴孩子成长的过程中，不断地引导他们，而不是抱着孩子奔跑。

耐心陪伴

家庭教育在孩子的成长过程中扮演着重要的角色。我们身边常见的家庭中，大多数是妈妈在教育孩子。其实，爸爸对于孩子的陪伴在其成长过程中至关重要。有研究表明，在孩子的成长过程中，爸爸角色的参与程度较少，可能会造成孩子性格缺陷等问题。

在孩子的成长过程中，只要是全身心投入的陪伴，哪怕只有短短的几分钟，孩子也能感受到爸爸温暖的爱。所以，爸爸即使工作再忙再累，也应留出固定的亲子时间，给予孩子高质量的陪伴，比如陪孩子放风筝、玩玩具、登山、游泳，吃完饭一起散散步、谈谈心等。

毕竟孩子的成长不能重来，一旦错过，将终生无法弥补。若等孩子到了青春期再想陪伴，也许孩子就不那么需要了。

四 "黄金搭档"亦如他们

　　山绕水，水环山，是一道亮丽的风景，容易让人醉在其中。我们常说：母爱如水，父爱如山。如果父亲和母亲在孩子的教育中能够和谐统一，必然有利于孩子身心合一，更有利于孩子健全人格和良好性格的形成。

赞同妈妈的建议

　　动画片中，猪爸爸和猪妈妈在教育孩子时就表现出了很好的言行一致。如：在爸爸修好电脑后，佩奇问爸爸可不可以玩一会电脑。爸爸说那得问问妈妈。佩奇说："妈妈说过一会儿再玩，现在就是过一会儿了。"爸爸说："那就可以。"从这一段简短的对话中可以看出生活中爸爸对妈妈的尊重，爸爸时时处处给妈妈树立威信。爸爸对待妈妈的这种态度，也会让孩子们更加地尊重妈妈，形成一种良好的家风。

　　但生活中有多少父母对孩子的教育是各行其是，各执一词，甚至当着孩子的面反驳对方，让孩子摸不着头脑。面对挚爱的父母，孩子往往无所适从，特别是年龄较小的孩子难分对错，这给他们带来了一些困扰和纠结。

互相鼓励

动画片中，佩奇一家在游乐场里玩。在玩大锤游戏的时候，公牛先生笑话猪爸爸有点怕，猪妈妈没等猪爸爸反应过来就接过大锤，击败了公牛先生，在孩子们面前为猪爸爸赢得了尊严。

猪爸爸最常说的一句话就是"干得好，猪妈妈"，猪妈妈最常说的一句话就是"干得好，猪爸爸"。他们还经常互相称赞，互相鼓励，给孩子做了很好的榜样。

但也有父母总是互掐，彼此揭短，总想显示自己的能力最强，自己对这个家作出的贡献最大，把打击对方当成了生活常态。这种父母互相或单方面不尊重、不看重对方的做法，实在不是明智之举，会给孩子的生活造成很多的困惑和伤害。

父母是孩子的第一任老师，孩子往往会模仿父母的言行。而父母的相处模式在生活中有很多种，所以彼此互相维护和鼓励，可以在孩子面前树立威信和榜样，要用正面、积极的言行教育孩子，帮助孩子健康成长。

默契配合

佩奇一家去海边冲浪，浪越来越小，猪爸爸和猪妈妈没办法冲浪了。在大家觉得遗憾的时候，猪妈妈说："正好乔治可以下水玩玩。"于是猪爸爸就抱起乔治走下水，让乔治坐在自己的身上划水。爸爸和妈妈的完美配合，让生活更顺畅，教育更省力，起到了1+1>2的效果。

教育孩子时，如果父母步调不一致、不协调，容易造就"两面

93

"派"的孩子。如：妈妈刚和孩子说完不能看电视，爸爸就把电视机打开了，倒不是因为爸爸非和妈妈对着干，而是爸爸觉得适当看电视对孩子也有一定的好处。但这个做法不太恰当，如果妈妈说孩子不能看电视，爸爸应及时、有策略地转移孩子的注意力，把他引向别的事情，机智地避免或化解一些小矛盾，这样对孩子的成长才是有利的。

教育孩子时，如果父母的步调一致、协调，就会事半功倍。否则，会降低父母的威信，影响孩子的是非观，不利于孩子自我控制能力的培养，从而影响孩子的心理健康。

给孩子公平的爱

全面两孩政策实施以后，有一些父母不能很好地处理两个孩子之间的关系。我们经常在抖音视频中看到不太大的哥哥或姐姐欺负弟弟或妹妹，也有反过来的情况。有的视频看似很搞笑，实则反映出一种心理现象：二宝出生后，有些父母将关注重点放在二宝身上，觉得孩子小就要给予多一点的关照，从而忽视了大宝的感受，让他（她）觉得是弟弟（妹妹）夺走了本该属于自己的父母的爱。有些父母认为，有了二宝，大宝就长大了。这种想法是不对的，很容易挫伤大宝的心，不利于两个孩之间的亲情连接。

佩奇和弟弟乔治在玩"中间小猪"的游戏时，因为乔治太小，够不到球，猪妈妈和猪爸爸及时出面参与游戏，帮助乔治一起完成游戏任务，同时也让佩奇觉得很好玩。游戏中，猪爸爸和猪妈妈没有偏向任何一方，而是保持公平、公正的态度，这有利于孩子自尊心的培养。

每个孩子都是与众不同的，即便是同一对父母生的两个孩子，他们的性格、容貌、兴趣爱好等也是不同的。父母要接受孩子的不同，承认个体差异，但要平等对待，拒绝比较，协调处理好孩子之间的关系。

孝敬父母以身示范

猪爸爸和猪妈妈经常带着佩奇和乔治去看望猪爷爷和猪奶奶，给佩奇和乔治树立了孝敬父母的榜样。

二孩家庭经常需要爷爷、奶奶帮忙带孩子。生活中也经常因为照看孩子的方式方法问题，两代人之间产生一些矛盾和分歧。如因为观念和认知的不同，有些事很难达成共识，特别是在孩子的教育问题上。长辈靠经验带孩子，父母更多的则是跟随时代养育孩子，这是一个很难逾越的代沟，也是一个矛盾点。作为父母，我们要努力突破这个矛盾点，达成教育的一致性，让孩子在一个其乐融融的家庭中生活，增强孩子的幸福感。三代人相处，要和谐友爱，尊老爱幼，秉承中国传统文化的家风，共创文明家庭的典范。

爸爸的一个眼神，妈妈的一个动作，彼此心领神会，配合默契，为家庭教育营造了优质的精神环境。言传身教就是最好的教育，父母要持续学习，提高情商，给孩子树立榜样。

五　懂得，是最好的爱

　　除了良好的环境氛围，父母还要为孩子提供丰富的心理营养。这就要求父母要先于孩子学习，才能跟上孩子成长的脚步，给予孩子丰富的心理营养，让孩子在爱的滋润中健康成长。家庭关系是孩子走上社会后各种关系的模板，父母只有给孩子提供充足的心理营养，才会给予孩子真正的支持。

孩子需要被接纳

　　当我们说起接纳孩子这件事，有的父母会说，我接纳呀，他说什么就是什么，什么事都由着他；有的父母会说，我接纳呀，看不惯我也不说，尽量迁就他；还有的父母会说，我忍着，我什么也不想说。这些是接纳吗？当然不是，这叫接受、忍受。接纳孩子就是让孩子长成自己想要的样子。

　　在《父母的觉醒》一书中，作者写了她和女儿之间发生的故事，我觉得这是一个很好的接纳孩子的例子。

　　书中是这样写的：

　　一天早晨，我女儿兴致勃勃地将我从梦中推醒。"仙女送给

96

你一个惊喜的礼物。"她冲我耳语道，"瞧瞧仙女送了你什么！"

我一伸手，从枕头底下摸出一张一美元的纸币，只见它从正中间被撕成了半截。女儿说："仙女送了你半块钱，还有半块在爸爸枕头下面。"

这一下，我睡意全消。

与此同时，我发觉眼前的处境有些左右为难。一时间，我的脑海里充满了各种念头：钱不是长在树上的，我的女儿一定要正确理解金钱的价值；我该不该借此机会教导她，让她不要浪费金钱，告诉她撕成两半的钞票就不能用了呢？

当时我意识到，自己作出的反应有可能让孩子精神大振，也有可能伤了她的心。所幸的是，那一刻我决定把问题搁置起来，不忙着给她"上课"；我只是告诉她，我很为她自豪，因为她那么慷慨地贡献出了自己仅有的一块钱。我还要感谢仙女，因为她很高尚，而且一碗水端平，明察秋毫地把钱平分给了我和她爸爸。女儿听了这些以后眼中放出了光芒，整个卧室好像都为之一亮。

完美的家庭教育，就是父母接纳自己孩子的不完美。故事中的妈妈可以这样接纳孩子，孩子会是多么幸福啊！

在以后的家庭教育过程中，作为孩子的第一任老师，我们一定要尊重孩子，接纳孩子的优缺点，然后给予正确的引导和培养。

有趣的灵魂

个性活泼热情的孩子，常被期望能安静一些；而个性安静温和的孩子，又常被期望能外向一些。这样一种类似"围城"的效应，

一部分原因来自父母不懂得欣赏孩子天然的性格。孩子不管是哪种个性，哪种气质，只要他没有伤害自己、伤害别人、破坏环境等不良行为，就不需要我们过度干预。我们要做的就是接纳。

接纳的意义在于，孩子只有在我们接纳的态度里才会有安全感，只有在感觉安全的情况下，才能学习、探索和进步。我们要问问自己，为什么不接纳孩子？

在《用接纳成就孩子的一生》中有一位家长向作者提出了这样一个问题，内容如下：

我女儿六岁，我一直注意对她性格的培养重于灌输知识，如今的她，在别人眼中是懂事又可爱的小姑娘，她自小就具有很强的自制力，如两岁不到时就能听妈妈讲道理，控制自己在一堆糖果里只吃一颗。从来不无理取闹，责任心很好，对比她小的小朋友非常照顾，吩咐给她的家务活能长期坚持下来，能每天自己主动做好作业收拾好书包……

但我伤恼的是她有些害羞，为锻炼她这个我自小就带她参加各种活动，可在幼儿园中班时，还是因为她的不够大方而失去一次登台表演的机会。我当时与老师沟通，说希望给她机会她才能慢慢变胆大，可现在大班了，前几天表演又没选上她。我问女儿才知可能因为她声音不够大才没让她去朗诵儿歌。我觉得很懊恼，我也能理解为给幼儿园增光，小朋友一定要棒，可幼儿园的老师们怎么都这样啊？我知道女儿在其他方面很棒，主要欠缺在人前大胆表达的机会，这是我最关注的，因为儿时的我，也有这个问题，以致长大后很多机会都输在这上面，到现在才知道要放开一切。我真是着急！为此和她爸爸也经常鼓励她，虽然有些进步，但肯定离不开老师的鼓励和给予机会呀！

想请教您，我怎样才能更好地和老师沟通呢？虽说就快幼儿园毕业了，但我觉得时间过去了回不来，耽误的是小孩子，我不想这样下去。

以下内容是作者蔡真妮老师给家长的回话：

女儿在幼儿园没能上台表演，你感到很懊恼，你女儿她自己是什么感觉呢？我想这个问题的关键是她的态度，而不是你的感觉。

如果女儿对此很懊恼，很委屈，那么你应该跟老师谈谈，讲讲女儿的心情，希望他们能够给女儿一个机会，同时在家里下点功夫教女儿怎样大声地读出来，如何抬头挺胸对着观众的眼睛说话，表演的姿态应该是什么样的，提高她的水平，这样双管齐下争取以后的机会。

如果女儿对此无所谓，或者如释重负，觉得不上台正好，那么你不应该强求。对她来说，上台或许是件非常难熬的事情。我知道有个幼儿园中班孩子被父母逼着上台表演都紧张到当场尿了裤子，孩子不仅没能变得大胆起来，反而在心里留下了对于当众表演的恐怖阴影。

太早让一个害羞的孩子站在大庭广众之下，会起反作用，你要认识到这一点，不能拔苗助长。

每个孩子性格都不一样，有的孩子天生就有表演欲，喜欢出风头，遇到上台表扬的机会会格外兴奋，迫不及待，那么父母要多创造机会给这种孩子。而你女儿的性格，她并不享受这种活动，从她"声音不够大"中可以看出来。你要在她擅长的事情上多给她创造机会，让她有成就感，有自信心，而不是在她不擅长

的事情上去"补短"，那只会给她带来挫折感和羞耻感。

你的女儿如此懂事、听话、可爱，但是在你眼里她还是有缺陷，不够完美，你不能完全地接纳她的样子，要把她变得完美。一个本性文静羞涩的孩子，你想让她成为一个大方、愿意出风头的孩子；曾有个妈妈问我怎么能让她"假小子"一样的女儿成为雅致的淑女，你们都是在"拧"孩子的性格。

什么是"拧"，就是"扭曲"，孩子在父母的期待下承受很多痛苦去改变自己，他可能会有所变化，但是那违背了孩子的天性，很难形成快乐自信的性格，因为他知道自己不够好，没能达到父母的期望。

你要接纳孩子本来的样子，她的性格还是从你自己那儿遗传来的，你更应该理解她才对，何况，害羞对于孩子并不是什么缺点，就是一种性格特点而已。

孩子的一生很长，她不会因为失去一次上台表演的机会就被耽误了。这件事让你如此焦虑的根本原因在于，你自己从小的害羞性格被强化成一个缺点，在你的心里留下了比较深的阴影，而你现在把它投射到了女儿的身上。你真正应该做的，是想办法修复自己内心的缺失，这样你才能淡定地去养育孩子。

不要在这件事上给女儿压力了，你一再强调她不够大方，对于她没能参加表演如此懊恼焦急，才是可能让她重蹈你的人生轨迹的原因！因为你也会在她的心中留下阴影。给予她接纳和尊重，她一定会变得越来越有自信和有勇气的。

大家有没有从中看到自己的影子？在教育孩子的过程中，有些父母往往擅长补孩子的短板而不是发挥其优势，这是不是家庭教育的一个误区呢？

感觉很美好

有一位郭大姐，她是一个双胞胎妈妈，也是一名教师。我们年龄相仿，她的孩子比我大儿子小一岁，所以我们相谈甚欢，话题主要是孩子和家庭。在交流中，我对这位郭大姐无比地佩服。在同样的年代，同样面对家庭和孩子，她家还是双胞胎，郭大姐做得比很多妈妈都要好。偶然相遇，我跟她学习了很多育儿知识，印象很深的几件事，在这里和大家分享一下。

她女儿的写作非常好，拿过国家级特等奖，在说起这个荣誉时，郭老师是这样说的：

大女儿从小跟着外公和外婆生活到两岁半。在这两年半的时间里，外公和外婆经常陪孩子读书，为培养孩子良好的阅读习惯打下了很好的基础。看来，孩子之所以取得这样成绩，外公外婆是有很大功劳的。

当发现大女儿每次从外公外婆那里回家时，小女儿是排斥的，郭老师便果断地把大女儿接回家，亲自照看两个孩子。郭老师站在孩子的角度思考问题，并照顾两个孩子的心理感受，及时调整自己的一些做法，让两个孩子在各方面都得到了良好的发展。

家里的小菜园，郭老师尽可能多地种植各种蔬菜，春耕秋收，让孩子参与每个过程，为她们提供学习的机会，培养她们的动手实践能力和观察力。郭老师着实是一位非常用心的妈妈。她发现孩子观察蚂蚁，便拿来食物让孩子喂养蚂蚁，和蚂蚁玩耍。孩子有时会把虫子捉到家中，一瓶一瓶的，有的虫子后来都变成蛾子在屋里飞来飞去。郭老师给孩子提供了这种宽松、自由的生活环境，让孩子尽显灵性。

写到这里我想起了一个绘本故事《等待蜗牛的故事》，大体意思是：

每个星期五的晚上，歪歪兔都会把门敞开，亮起那盏橘色的小夜灯，和朋友们期待蜗牛带来好听的故事。"小小的豌豆花，有一个饱满的梦想，她想把圆滚滚的豌豆，种到蓝天上……"蜗牛的故事精彩极了，你只要闭上眼睛，就能闻到豌豆的清香。蜗牛讲的故事，歪歪兔和她的朋友们怎么听也听不够。每一次，他们总盼着他来。每一次，他们都舍不得他走。为了能天天听蜗牛讲的精彩故事，歪歪兔和伙伴们让蜗牛住在了歪歪兔的家里。可是，再让蜗牛讲故事的时候，蜗牛张了张嘴："嗯……哦……呀……""对不起，我实在想不出该讲什么！"蜗牛难为情地说："要知道，以前，我有整整一个星期的时间，来跟狗尾巴草说话，欣赏炊烟的舞蹈，幻想风的颜色……可是现在，我什么都没有了，当然也就想不出好的故事来。"

至此，我才明白了这本绘本的真正含义，明白了给孩子提供真实、丰富的生活，孩子才会有感受生活的能力，才会产生不同于别人的独特感受，这是孩子一生的宝贵财富。

郭老师还经常带孩子走近自然，让孩子接触自然、感受自然，吸收大自然赋予的灵性与灵感。每次回家，她都引导孩子把看到的画一画、写一写。

我觉得我也有一件事做得比较好，那就是让孩子充分认识了鸡蛋。

有一天，小杰在一本书上看到一个打开的鸡蛋的图片。对此，他感兴趣极了，非要在碗里打碎个鸡蛋看看。

我从冰箱里拿出来一个鸡蛋打在碗里，他看着圆圆的蛋黄并没有占满整个碗，要求我再打一个。也行，两个鸡蛋正好中午来个炒鸡蛋，一举两得，何乐而不为呢？

看着碗里的两个蛋黄，他还是纳闷，怎么还有空隙呢？他指着未被蛋黄占满的空隙说："这里也要有个。"就这样三个、四个、五个、六个、七个，但每打一个总会有空隙，只不过是空隙越来越小。他也好像看出点什么，没再让我继续打蛋。七个蛋黄宝宝，颜色、形状都很可爱的样子，看他那满足的小表情就知道了。

突然，小杰一溜烟跑到厨房，拿来一个勺子，他要把蛋黄分出来。由于是第一次做这样的工作，加上滑溜溜的蛋清捣乱，他怎么也舀不出蛋黄，最后有点不耐烦了，直接用手捞。

七个鸡蛋满足了孩子视觉和触觉的一次体验，满足了孩子的探索欲望，也满足了他对事物的好奇心。

蒙台梭利认为：感觉教育就是自我教育。不让儿童感觉与体验，就意味着让儿童失去了自己的人生。没有爱的感觉是无法爱的，学会爱也必然从感觉开始。

所以，孩子童年的生活不能辜负，父母要调动各方面的因素，予以刺激，让他们充分地发挥各种感官，亲身体验，充分感受。这就是最好的接纳。

六　孩子呼唤"理解万岁"

我们常说"理解万岁"！可见，被人理解是多么幸福的一件事。对孩子来说，成长的过程中如果不被成人理解，那将是一件多么痛苦的事情。我想，每个孩子都期待父母能够理解他们。

想找姐姐的小男孩

今天早上刚走到小班，就看见老师在哄一个小男孩脱外套，任凭老师怎么说他也不脱，委屈的泪水顺着脸颊流下来。三岁的孩子闹情绪很正常，但老师说这个小男孩经常闹情绪，严重的时候不吃饭、不喝水，甚至连最吸引他的游乐场也不能让他心动。

我走到孩子身边，听见孩子边哭边叫着："我要姐姐。"看来孩子想他姐姐了，我问老师："他的姐姐在哪里？"老师说："在这个小学里上学。"我问小男孩："你想姐姐了吗？我带你去找姐姐可以吗？"小男孩听我这么一说，竟然要跟着我走。我赶紧让老师给他妈妈打电话，问一下姐姐在哪个班级。

我和老师一起领着他去找姐姐，有一个年轻的老师问："真的要带他去找姐姐吗？"我说："真的，咱有这个条件。"我们领着孩子，终于找到了他的姐姐。孩子见到姐姐后，还是满脸的委屈，姐姐赶紧给他擦了擦眼泪，小声地安慰他："不哭了啊。"看得出，姐姐是很心疼弟弟的。我赶紧让姐姐抱抱弟弟。看着他们姐弟情深，真好！

然后我告诉他："姐姐要上课了，和姐姐再见吧！"小男孩和姐姐摆摆手，也不哭了，跟着我们回到教室，然后把外套脱了下来。我告诉他："你什么时候想找姐姐了，我们再去找她。"

接下来，老师要领着孩子们到操场上跑步锻炼了，小男孩不是很想去，我告诉他："那是姐姐经常去跑步的操场，咱们去看看。"小男孩这才出去。我们找到窍门了，拿他姐姐说事儿，管用。

回想一下这个过程，孩子知道姐姐也在这里上学，但他可能从来没有看见过姐姐，所以没有安全感。领着他找到姐姐，让他亲眼见证一下姐姐确实在这里，离他很近，他心里就踏实了，心里的结就解开了，也就能轻松愉快地开始自己的幼儿园生活了。

和孩子在一起，要懂得孩子的内心需求。孩子越小越表达不出自己的需求，这就需要老师和家长用心去聆听，用心去感受，满足他的内在需要。

要让孩子把自己的情感和情绪彻底表达出来，当他被理解了，被人懂了，心里也就顺畅了。遇到这样的事情，不能避而不谈，或是一味地转移他的注意力，封堵他的情绪，有时候有些事可能暂时管用，但没有从根本上解决问题。这让我想到了大禹治水，同样的道理，情绪易疏不宜堵。

今天就是不高兴

正如天有阴晴雨雪一样，孩子也有闷闷不乐、大哭大闹、发脾气、不合作、不讲道理的时候。常有父母抱怨说："我简直弄不明白这孩子是怎么了？刚才还好好的，忽然就跟你闹起别扭来了。怎么

哄也不行！太气人了！"每当这类情况发生的时候，这些父母就感到困惑、沮丧和失望，感受到养育子女的苦楚和不易。

我们向别人倒苦水的时候，往往只是想找个人说说而已，并不是真的去寻求帮助。如果那个人只是倾听，并表达出对我们的理解，那就够了。但如果那个人连珠炮似的给我们提出一系列建议，不管那些建议有多好，我们都会觉得孤独，甚至还有受伤的感觉，于是不想再继续这个话题。

孩子也是一样，闹情绪的时候，父母不要和他一起着急，应静下心来，耐心地和孩子沟通，先理解他们的感受，然后再一起决定怎么做。

如果父母能很好地理解孩子的感受，孩子会很乐意地进行积极沟通。在《父母效能训练》这本书里，我就学到了如何去理解孩子的感受。比如：因一个需求，孩子向父亲传达信息："晚饭什么时候准备好？"

父亲知道这个信息后，如果能感受到这是孩子饿了，这样回应："哦，我明白了，你很饿。先吃点饼干和花生怎么样？我们必须等妈妈回来再吃饭——大约还得等1个小时。"孩子会愉快地回应："这个主意不错，我会吃点饼干的。"

如果没有准确感受到孩子内心的想法，就会作出如下回应："你急着吃饭，是想早点出去玩？"这样就会达不到顺畅沟通的效果。

父母要学会用心倾听孩子的诉求，同时注意孩子的反应和态度。如果父母没有仔细倾听孩子的诉求就着急表达自己的意见，孩子与父母就难以继续进行有效的沟通。所以，父母不但要耐心听完孩子的讲述，还要理解孩子所要表达的意愿。

做个有想法的人

在和老师交流的时候，有一位小班的老师说她班里的一个孩子画了一个太阳，全部涂上了黑色。这位老师没有急着去纠正孩子涂的颜色，而是很好奇地问："你为什么把太阳涂上黑色呀？"这个孩子回答："这是晚上的太阳。"多么天真又现实的想法，多么完美的解释。这就是孩子的思想特点，我们必须理解孩子的思想，孩子才不会被伤害到。

还有一个孩子，上中班了，还不敢见人，做操也用手挡着脸，如果你走近和他说话，他就表现得非常排斥，甚至有攻击行为，有时表现出很不自在的样子，躲在老师的身后。马上要上大班了，再这样下去可不行了，老师平时也是给予他很大的理解与鼓励的，情况虽然有所好转，但还需要我们大家继续努力。

有一天，我把孩子的妈妈找来了解情况。妈妈说她也很无奈。但有两点我注意到了：一是孩子一岁多的时候，妈妈又生了一个妹妹，父母的重心从他的身上转移到妹妹身上，他有点被忽视的感觉。二是妹妹各方面表现得都很好，情商还特别高。当他们都把自己的画拿给爸爸妈妈看的时候，妹妹的画总会被爸爸妈妈赞扬，而他的画总会被爸爸说"这是画的什么呀"，然后扔在了一边。可怜的孩子，他的心里肯定受伤了。

我与孩子的妈妈做了深入的交流，共同分析了孩子的问题，并告诉她：要及时关注并理解孩子的心理活动及想法，并给予他更多的鼓励。妈妈从此很重视这件事，并且很有行动力，不到一年的时间，这个孩子恢复了往日的活泼可爱，完全充分地展现自己。我想，这就是一种被理解的幸福感觉吧！

听过这样一个故事：妈妈领孩子外出，口渴了想吃个苹果，这时孩子拿出仅有的两个苹果，在每个苹果上都咬了一口。妈妈看到孩子这样做，充满了诧异的眼神，心想这孩子这样自私吗？一个苹果都不留给妈妈吗？没想到下一秒，孩子把咬过的其中一个苹果递给妈妈，天真地说："妈妈，给你这个，这个甜。"妈妈听后特别自责与羞愧，原来是自己玷污了孩子美好的心灵。

现在很多父母能够蹲下来和孩子交流了，蹲下来和孩子交流，不仅是改变了交流的姿势，而且与孩子的心更近了，可以和孩子一起看世界。

七　信任有力量

心理学家曾做过这样一个实验：有一个人早上精神抖擞地去上班，在走廊上迎面遇到同事，对方打过招呼后很关切地问他："你脸色不大好，病了吗？"他摇头："没有的事，我很好。"

第二个人看见他又说："你还好吧？气色这么差，生病了？"他很疑惑地摸摸自己的脸，觉得自己感觉还行，不知道为什么同事会这么说。

第三个人遇见他也是很关心地问："你的脸色怎么这么难看，有病别硬挺着，该上医院就上医院去，别耽误了。"他这时候就觉得问题有点严重了，感觉身上乏力，脚步也慢了下来。

等到第四个人看见他后脸色一变，疾步过来搀扶住他，问他："你是否需要马上坐下来休息一下？"他真的觉得自己双腿发软，有点站不住了。

他走进卫生间，看见镜子里的自己脸色惨白，眼神暗淡，举起手来，手指在微微颤抖……随后他去跟领导请假说他不舒服，想去医院检查一下。

其实，那几个同事都是事先安排好的，故意诱导他让他认为自己生病了，结果只需要四个人他就完全认同了外界对他的观感。

所以说，环境和他人对一个人的影响超乎我们的想象。孩子在

第三章　汲取成长的营养

这个世界上和父母联结最紧密，对父母充满了爱和依赖，所以父母对孩子的影响是决定性的。当父母相信孩子、肯定孩子，这样的正能量就变成了孩子成长的动力。

李跃儿说过：信任孩子实际上是相信一个桃核只要给它水分，一定会长出一棵桃树，一定会开出桃花，结出桃子，相信的是一种生命状态，相信的是大自然。相信孩子是一颗种子，就是相信孩子一定会按照一定的自然机制去发展，孩子会去发展自己。一颗种子和一个成熟的物种是完全不同的，只有相信我们的孩子，我们的孩子才能健康成长。人们只有相信婴儿具有种子的特质，婴儿才能有机会成长为一个完善的成人。

信任增强自信

在儿子还未出生时，赛德兹博士就发誓要把孩子培养成一个对世界有贡献的人，一个跟那些浑浑噩噩过一辈子截然不同的人。他认为他的儿子从出生的那一刻起就处于非常自信的状态中。即使在后来的成长过程中产生过一些挫败感，但他很快就能恢复自信。

一个没有自信心的人不会坚持自己的观点和努力。这样的人会有什么结果呢？不是在碌碌无为中虚度一生，就是随波逐流地混迹于茫茫人海中，将宝贵的生命毫无价值地白白消耗掉。

在赛德兹博士看来，要想成为一个优秀的人必须拥有独立的人格和个性；要想不跟在成千上万的平庸者后面，要想从中脱颖而出，就必须具备坚持自己观点的能力。然而要想做到这一切，必须要有一种强大的力量作精神上的支撑，而这种力量正是一个人的自信心。

在儿子成长的过程中，赛德兹博士对他说得最多的一句话就是："儿子你真棒！"即使儿子有时表现得不太好，他仍旧这样鼓励儿子。

有人曾怀疑他这样说会使孩子看不清自己，变得狂妄自大。但赛德兹博士却认为这句话是世上最动听的，可以给儿子带来巨大的动力。

当儿子在摇篮中第一次试图爬起来时，父亲就开始对他说："你真棒！"当他第一次扶着父亲的双手站立起来时，父亲就对他说："你真棒！"当他第一次开口说话时，哪怕说得很不清楚，父亲仍然对他说："你真棒！"在以后的日子里，赛德兹博士不知对儿子说过多少次"你真棒"。当小赛德兹开始听到"你真棒"时，他只会眨一眨眼睛。当他第二次听到"你真棒"时，能够微微一笑。再后来听到"你真棒"时，已经能够叫"爸爸"了。最后，每当小赛德兹听到父亲说"你真棒"时，总会高声欢呼起来，并且总能够把每一件事情都做得很棒。

有一天，当赛德兹博士发现儿子独自一人待在房间里，便悄悄地走进去轻声问道："儿子，你在干什么呀？""哦，爸爸，我在看一本书。"儿子将一本厚厚的书递给了赛德兹博士。赛德兹博士一看书名便吃了一惊，原来是托尔斯泰的《战争与和平》。这个时候小赛德兹还不到五岁！"你能看懂吗？这可不是像你这样的小家伙容易读懂的东西啊。"赛德兹博士对儿子说。"是吗？可是我已经看了不少呢！"小赛德兹自豪地说。"那么，你说说看这本书都讲了些什么呀？"赛德兹博士把儿子抱起来让他坐在自己腿上。于是儿子开始向父亲讲述他读过的内容。令人吃惊的是，他不但讲得丝毫不差，还对故事中的人物有着自己的看法。"噢，你真棒！我亲爱的儿子，我真没有想到你居然能读懂它。"听到父亲的表扬后，小赛德兹非常兴奋。

赛德兹博士说：当儿子第一次捧起书本看时，并不代表他天生爱看书，也许就和其他孩子一样是一时兴起才看的。但在得到父亲的肯定之后，他才真正地喜欢上了读书，并且在未来的成长中一直

与书相伴。许多父母都认为小孩子是天生的捣蛋鬼，总是抱怨孩子扰乱了他们有秩序的生活。孩子们需要的是鼓励，尽管他们有时候的确让父母觉得很烦。

赛德兹博士认为孩子没有父母想象的那样大胆。父母常说孩子们无法无天，但父母却没有认识到这种表面上的"无法无天"正是他们脆弱的表现。父母责骂孩子，批评孩子，以为这是在帮助孩子改掉毛病。然而这种太过苛责的教育方式只会让孩子逐渐失去自信，失去对自己的正确评价。

对于一个孩子来说，有什么错是不能够被理解和原谅的呢？赛德兹博士极少指责儿子的不是，在很多情况下，一句"你真棒"足以解决很多那些看起来很难解决的问题，一句"你真棒"完全可以帮助孩子从哪里跌倒就从哪里勇敢地爬起来。

小赛德兹已经成为众所周知的天才，他的成长经历得到了人们广泛的关注。或许人们会这样说：这个孩子的自信是天生的。其实根本不是这样子，小赛德兹的确是一个自信的人，但这自信并非与生俱来，而是受益于他最弱小的时候父母对他的关心和支持。

你行的

孩子的成长过程实际就是孩子和父母渐行渐远的过程，也是孩子逐步走向独立的过程。要想孩子将来能够更好地在社会上独立生活，非常重要的一点就是学会对孩子放手。

我们要向《卡尔·威特的教育》中的老卡尔学习。"你是聪明又可爱的孩子。"这是老卡尔在教育卡尔时说得最多的一话。每当卡尔遇到困难和挫折时，老卡尔总是用这种赞美的语言帮助他树立起坚定的信心，然后帮助他去解决困难，摆脱内心的苦恼。

谁都有失落和失去信心的时候，更何况是孩子呢？卡尔毕竟还是一个小孩子，弱小的他肯定会遇到很多难题，老卡尔当然要竭尽全力地帮助和支持他。每当他伤心和失落时，老卡尔总会说："我相信你一定行！"只有让孩子充满信心，才能让他勇敢地面对未来人生的一切挑战，才会创造幸福美满的生活。

那么，怎样才能让孩子充满信心呢？这就需要家长耐心地培养孩子，并经常对孩子说一些鼓励的话。孩子特别需要旁人的称赞和夸奖，夸奖孩子证明父母对他有足够的信心，同时也坚定了他自己的自信心。

卡尔刚学写作时，一点自信都没有。他忐忑不安地把第一篇文章递给老卡尔时，不自信的眼神似乎在等待着宣判。那篇文章确实糟糕透了：主题不明确，句子不完整，错字连篇。老卡尔该怎么评价这篇文章呢？卡尔本来就对此没信心，单纯的"不好"肯定解决不了问题。老卡尔的沉默让卡尔多了一丝伤心的眼神。"很不错，你的文章，我记得我第一次写作的时候比你的还糟。"这个出人意料的评语立刻带走了卡尔的忧伤。过了几天，他又写了一篇作文给老卡尔看，这次写的作文明显比上次好得多。信心的基石是自信，自己都不信任自己，就没有信心可言。所以，经常给孩子一些恰当的夸奖和鼓励，能帮孩子树立自信心。

不管是成人还是儿童，做事情如果缺乏自信，往往很难成功。反之，对自己充满信心，无论做任何事情，都会勇往直前，最终往往能取得成功。"鼓励孩子相信自己。"这是老卡尔在教育儿子的过程中最深的感受。

卡尔在各方面取得的成绩都是骄人的，他当然是一个很有自信的人，但他的这种自信并非天生的。实际上，他在小时候并不是一个完全自信的孩子。

在卡尔大约五岁的时候，老卡尔发现他有唱歌的才华，便想把他推荐给唱诗班的维勒先生。维勒先生是教堂唱诗班的负责人，也是唱诗班的音乐教师和指挥。他很愿意接收卡尔，并让老卡尔马上把卡尔送过去。

同以前一样，老卡尔依旧在给卡尔安排事情时先征求他的意见。

没想到卡尔有些犹豫，觉得自己不适合参加这种活动，因为会影响正常的学习。

他的想法可以理解，但是真正的原因并不在这儿。从后来的谈话中，老卡尔知道卡尔很想参加，只是信心不足。在老卡尔苦口婆心的劝说下，卡尔终于答应试一试。按照惯例，每一个要加入唱诗班的孩子都必须经过考核。于是，维勒先生便在一个星期日下午为卡尔安排了考核。

那天到场的人很多。维勒先生向大家介绍了卡尔之后，便坐在风琴前准备为卡尔的演唱伴奏。但是，在维勒先生的风琴声响起了很久之后，卡尔仍然没有唱出一句，他太紧张了。看到这样的情形，老卡尔请求暂停，并把卡尔叫到了一边。"卡尔，你怎么不唱？""我怕自己唱不好。"卡尔低声回答。

"你没唱，怎么知道不好呢？"老卡尔鼓励信心不足的儿子说，"你知道维勒先生要在今天考核你的原因吗？他知道你唱得很好，所以要让很多人听到你的歌声，也好让那些唱诗班的孩子不敢小看你这个新来的。维勒先生曾说，希望你的到来能大大提高唱诗班的歌唱水平！"

"真的吗？"听老卡尔这么一说，卡尔马上兴奋起来。卡尔再次站在了风琴前，唱得相当出色。正是老卡尔的鼓励，让卡尔发挥得如此出色。

为了让孩子保持信心，即使孩子做得不好，也要善于对他们进行夸奖，以免孩子感到悲观失望。家长一定要多帮孩子找到自身的优点，找出他闪光的地方，并给予夸奖。所以每当卡尔得了"优"，老卡尔都要大大地称赞他一番，以此来增加他的信心。如果成绩是"中"，夸奖也是很重要的，此外还可以帮他找原因，但重要的依旧是夸奖。

美好的东西总是让人回味无穷，丑陋的东西总是令人胆战心惊。"夸"可以使孩子产生美好的心境，从而留下美好的回忆，以此激励自己不断前进。

卡尔每做一件好事，老卡尔总是会夸他一番，听到赞美的话，他就会信心倍增。总之，只要孩子有可取之处，就要慷慨地给予夸奖。即使孩子做错事，也不能挖苦；只要孩子诚心改正，父母就要既往不咎。

当孩子做事情不成功的时候，父母不能对他说"就知道你没有这个能力"之类打击他信心的话。每个人都会经历失败和成功，然而失败常常会比成功多，因此父母要对孩子多加鼓励，帮助孩子从失败中走出来。

八　自尊来自尊重

　　尊重是一种涵养，尊重是一种品德，尊重是高素质的体现，尊重是真诚的证明。人人都渴望被别人尊重，人和人之间需要尊重。有了尊重，才能和谐相处；有了尊重，才能远离冲突；懂得尊重别人，才能受到别人的尊重。

敬畏生命

　　在这里，我想起了一件非常难忘的事情。四五年前，户外活动的时候，我发现中班的一个小女孩在草坪上寻找着什么。我走过去发现，原来她看到了一只蚂蚱，可惜被踩死了。她就小心翼翼地把蚂蚱捡起来，放在一个大大的法桐叶子上，然后在上面又盖上了一些茅草，放到了她认为合适的地方。

　　我耐心地看着发生的这一切。其间，我问她："你在干什么？"她说："这个蚂蚱死了，我要把它埋起来。"听她这么一说，我的心灵为之一振。这个小姑娘把对生命的尊重做到了极致，我感动了。再仔细看看这个朴实无华、恬淡可爱的小女孩，她毫无掩饰的、自然流露的样子是对真、善、美的最好诠释。

孩子，哭会儿吧

生活中，我们经常会看到有的父母不让孩子哭，即使孩子大哭不止，也要让他立马停止。一天晚上，已经到了深夜了，邻居家的一个小男孩突然大哭，期间夹杂着妈妈歇斯底里的谩骂声，应该是孩子没完成作业，妈妈严厉地训斥了他。后来，听到他妈妈又厉声地命令他闭上嘴，孩子只好忍住不出声，但仍可听到抽泣声。现实生活中，常有父母说过或听过这样的话：

"再哭，我就不要你了！"

"这么点小事有什么好哭的，不许哭！"

"就知道哭，没出息的样！"

英国一位心理学家说过："婴儿和孩子的哭声，会给父母的大脑带来特殊的刺激，让父母心跳加快、血压升高、感觉痛苦。"在一些父母看来，孩子爱哭就是娇气、脆弱的表现。当然也有很多父母可以耐心地对待孩子的哭泣，但也总希望孩子快点停止哭泣。总之，父母总是在想方设法地阻止孩子继续哭泣。

其实，只要我们留在孩子身边，陪伴他，不打断他的哭泣，他的烦恼自然会随着哭泣逐渐消散，哭啼声也会随之停止。哭泣是愈合感情创伤的必要过程。孩子哭是为了排除受伤害的感觉和情绪。如果孩子每次哭泣都被制止，被迫去压抑自己的情绪，那么他长大后就越来越不会处理自己的情绪问题。所以，面对孩子的哭泣，父母不能一味地阻止，而是要学会接纳和理解他们，帮助他们梳理情绪，解决问题。

自有我的道理

0—6岁的儿童不知道自己在做什么，为什么要这么做，但是他们能够平衡并良好地发展自己的物质需求与精神需求。作为父母，我们要尝试帮助他们，让每一个儿童都能按照人类基因设计的程序完成自己的成长计划，获得对人类基本生活范畴的探索和研究，获得属于他自己的思维模式和智慧模式，为6岁后学习人类所需的知识和技能打下良好的基础。

昨天，三岁半的小杰用木质积木搭了一个"图书馆"。我在和他爸爸谈起这件事的时候，他爸爸说："他在搭的时候并没有想搭个图书馆，是他搭起来之后，发现像个图书馆。"

我说："是的，这个年龄段的孩子往往行为在前、思维在后，等他再长大一些就会变成思维在前、行动在后了。我们要遵循孩子现在的思维特点，尊重孩子的思维模式，才能促进孩子身心健康发展。"

第四章
跟随成长的脚步

孩子成长需要汲取的营养很多，父母只有不断成长，跟上孩子成长的脚步，才能源源不断地给孩子输送养料。

父母是孩子的榜样，永远不要低估言传身教的力量。父母要不断地学习，及时更新家庭教育理念，提高自身修养，高质量地陪伴孩子成长。走在人生的大道上，书是我们忠实的朋友，读书学习是必不可少的成长途径。在我的成长中，阅读成为习惯，并写了一些读书感悟，在这里和大家分享，希望育儿的道路上"书海寻芳，遇见最美的自己"。

一　和孩子需要划清界限

《和孩子划清界限》这本书大约是我五年前读的，今天在和两位妈妈的交流中，我又想起了这本书。

妈妈1："孩子考试没考好，我忍着什么也没说。"

妈妈2："我进步更大，孩子没考好，我说，'儿子，都怪妈妈没有陪你复习'。"

听了两位妈妈的感慨，我挺欣慰的，因为这两位妈妈都能站在孩子的角度思考问题，都在努力成长，都想用心教育孩子，为这两位妈妈点赞。在点赞的同时，我又有一种说不出的滋味。

我们都知道，国家与国家之间有国界，家庭与家庭之间也有界限。邻居家的锁挂在门上，即使不锁上，我们知道，也是不能随便进入的，这种约定俗成的界限，大家自然而然地不会逾越。成人之间的心理界限，大家把握得很准，唯独家长与孩子之间的界限泾渭不分。"亲密无间"，大家很喜欢这个词。后来，我又听到一个词叫"亲密有间"，这个词是用来说亲子关系的，因为大多数父母对孩子的亲密越界了。

妈妈的一个"忍"字，让我感受到了她内心的拧巴："我很不满意，但我忍着不说你！"我们是否听到了她内心的声音，感受到她内心的不舒服。有句话说得好："忍一时风平浪静，退一步海阔天空。"

在教育孩子方面，我们能否达到如此的豁达境界呢？大多数父母忍耐的最终结果是"宇宙的爆发"，老账新账一起算，这不是我们想要的结果。怎样才能做到不用忍耐，欣然接受呢？那就从接纳孩子开始吧。

妈妈话里的一个"怪"字，让我感觉到她和孩子没有划清界限。孩子考试没有考好，妈妈没有原则地把责任揽在自己身上，表现出了很大的愧疚感，她觉得自己忙于工作，没好好照顾孩子，很对不起孩子。但妈妈工作很忙，孩子也是看得见的，而妈妈这种敬业的工作状态，就是很好的言传身教，对他的一生都会产生重要的影响。然而责任界限的不清不楚，会让孩子学会推卸责任，遇事指责、抱怨他人。我建议这位妈妈就这件事再和孩子聊一聊，明确一下学习的责任和方法。

有的家长说，他们的孩子根本不用管，但学习特别好，开始我有所质疑，后来才发现是真的。父母不把眼睛盯在孩子身上，孩子才能够保持内在的节奏，安排好自己的生活，才会更加地自律、懂事。

和孩子划清界限真的很重要，孩子自己的事，就应当尊重孩子，让他自己做主。我建议大家去看看《和孩子划清界限》这本书，很不错。

二　给予孩子足够的爱和自由

　　《爱和自由》一书饱含作者对儿童深沉的爱。作者在十多年的教育实践中，始终用心灵和儿童对话，能看到儿童的渴求，知道儿童的想法，了解儿童的心情，感知儿童的苦难。她说："在爱孩子这个问题上，我们不能以现有的经验对待孩子，因为现有的经验是我们成长的结果，那可能是不爱。"

　　那么孩子带着什么来到这个世界？有多少人相信孩子一生下来就蕴含着强大的精神能量，他将按照内在的成长规律成长？比如，在某个年龄段，孩子就喜欢玩水、玩沙子，如果有人阻止，他就会顽强抗争，这到底意味着什么？

　　人们应该认识到，孩子内在有一个自然、有序的成长过程，只需要我们提供一个适合的环境。在儿童的精神上，我们一直在充当一个角色——"造物主"。

　　《爱和自由》中举了这样一个例子：

　　　　哈佛大学的一位心理学教授生了个儿子，他准备把儿子培养成天才。在儿子三四岁的时候，这个孩子已经会几国的语言，六岁的时候，考入中学，十岁上了哈佛大学，16岁攻读哈佛大学博士学位。心理学家每一分钟都让他的孩子不断地"吸收"。18岁

时，孩子成为英国伦敦一家商店的售货员。可是他什么都不干，他拒绝任何"知识性的活动"，他觉得做一名售货员特别高兴，"满腹经纶"对他没有用，事实上"知识"使他非常痛苦。

我们要做孩子精神上的引导人而不是主人。迫不及待地想让孩子获得知识的想法桎梏了我们，并使我们产生了偏见，最终阻碍了一个具有生命和人格魅力的人的发展。只有承认儿童有精神胚胎并相信他，人类成长的秘密才会在一个漫长的过程中展现给我们。

蒙特梭利说："智力中没有一样东西最初不是源于感觉。""儿童所有的智力都是从感觉发展到概念。"当孩子没有感觉的时候，我们不断地强制地教给孩子东西；当孩子处于某种感觉中的时候，我们反而打扰他、控制他。儿童的观察和内在感觉就在这种强制过程中丧失殆尽的。

这让我想到了小杰的语言发展有点滞后，两岁半看到"气球"只会说"气"，以至于他舅舅非让我带他去看医生。但我对此并没有过多担心，因为通过这些年的学习，我心里还是比较有谱的。有一天，我和他坐在沙发上玩，教他说："沙发。"没想到，他用小手拍着沙发说："沙发。"虽然说得不是很清楚，但感觉和概念对上号了，然后我又教他说："茶几。"由此，孩子的语言发展慢慢好起来了。孩子四岁半时，我越来越认识到，对于孩子的成长，家长千万不要着急和焦虑，要学会静待花开。孩子会按照自己独有的规律成长，你要相信语言发展得慢动作可能发展得好。

三　幸福的小豆豆

时隔多年，《窗边的小豆豆》这本书还是这本书，我已不是那个我了。

小豆豆

看完了《窗边的小豆豆》这本书，小豆豆的影子始终在我的脑海里显现，今天提笔再和她见个面。

小豆豆才上一年级，但已经被退过学了。

据她的班主任说，有一天，小豆豆在学校的第一个小时里不停地把桌子弄得啪嗒啪嗒响达上百次。之后，她就离开桌子，站到窗边往外看，老师庆幸她不出声就很好了，哪知道小豆豆突然朝外边大声叫道："你们好，艺人！"窗外的艺人听到招呼，就来到了教室跟前。小豆豆高兴地对教室里的同学们叫道："他们来啦！"正在上课的小学生们向窗子拥去，嘴里大叫着："你们好，艺人！"接着，小豆豆对艺人们恳求道："给我们表演一个吧！"

他们看了一场盛大的演出，而站在讲台上的老师，除了等着演奏告一段落外，实在没有别的办法了。

总算一曲终了，艺人们走远了，同学们纷纷回到座位上。可是，

令老师吃惊的是，小豆豆仍然站在窗边不动，她怕再有别的艺人经过或错过了刚才那些艺人。

小豆豆还像昨天那样站在窗子旁边，老师以为她还在等艺人，就照常开始上课。突然，她大声叫道："你在做什么？"好像在向谁询问什么。老师没有看到她说话的对象，她又大声问："哎，你在做什么？"这一次是朝上面说话，但对方没有回答。即便如此，小豆豆还是一个劲儿地问："哎，你在做什么？"老师实在没法上课，想看看她在跟谁说话，从窗口探出头向上一看，原来她在和燕子说话，燕子正在教室的屋檐下面做窝呢。

隔壁班的老师们也觉得很受干扰……老师没法上课了。老师说这样的事要是能数得过来的话，也就不用让她换一所学校了。

就是这样一个顽皮、淘气、不守规矩的小豆豆最后在巴学园一切回归正常。长大后的她成了作家、电视台的节目主持人、联合国儿童基金会亲善大使，也是这本书的作者，这恐怕是她以前的班主任做梦也想不到的事吧！

现实生活中，总有这样的"小豆豆"，但愿他们能像小豆豆一样幸运，遇到爱自己的妈妈、懂自己的校长和理解自己的老师。

豆豆妈

《窗边的小豆豆》主要记录了小豆豆在巴学园的生活，小豆豆的妈妈在书中出现的次数也不是很多。但小豆豆妈妈温和、包容的形象深深地印在我的心里，同为妈妈，真是不可相提并论，自愧不如。

才上一年级的小豆豆钻铁丝网时把一件虽然旧了但妈妈特别喜欢的裙子划破了，破得很奇怪，从后背到屁股那里，共撕开了七个大口子。小豆豆心想，如果说"是钻铁丝网的时候划破的"，那么很对不起妈妈，哪怕撒个谎，也一定要显得"实在避免不了才划破的"才好。于是她想出来一个"完美"的理由，回家对妈妈说："刚才，我在路上走的时候，别的孩子都往我背上扔刀子，才成了这样的。""啊，是吗？这可太吓人了。"妈妈表现得很惊讶。

刀子扔到了后背上，身体却一点也没有受伤，只是把衣服弄得破破烂烂的，这样的事根本不可能发生。更重要的是，小豆豆丝毫没有受到惊吓的样子，一看就知道在说谎。不过，小豆豆想找个弄破衣服的借口，这可是从来没有过的事，可见她也很在意这件衣服，不愿意弄破它。"真是个好孩子。"妈妈这样想着。

看到这里，我由衷地敬佩小豆豆的妈妈。如果我是小豆豆的妈妈，我会怎么做呢？我想我以前不知道怎样做，但以后我会了。

在班主任列举了小豆豆的种种"罪状"以后，妈妈大吃一惊，老师说一节课她把书桌盖子开关了上百次。妈妈很理解小豆豆的这种行为，因为小豆豆曾回家说："唉，学校就是了不起！家里桌子的抽屉是这个样子往外拉。可是学校的桌子却是把盖子往上提。就像垃圾箱的盖子那样，不过要光滑得多，桌子里能装得下好多东西，棒极了！"

妈妈眼前好像出现了小豆豆的样子：从来没有见过那样的桌子，觉得特别有趣，就不停地开开关关。这样的话，并不是说小豆豆做了什么不可原谅的坏事。更重要的是，等她对桌子渐渐习惯了，就不会再不停地开来关去了。妈妈这样想着，对老师说："我一定让她好好注意这一点。"

对于老师的"告状"，小豆豆的妈妈除了吃了一惊外，并没有过度的反应，而是站在小豆豆的角度思考问题，因为她觉得小豆豆并不是做了什么坏事。

小豆豆的妈妈是一位理智的妈妈，她做到了以孩子为本，而不

第四章 跟随成长的脚步

127

是像有些妈妈一样，听到老师的"告状"，回家就不分青红皂白的对孩子歇斯底里，让本身就受伤的孩子更加难过，受到二次伤害。

随着老师越来越激动地诉说，小豆豆的妈妈，除了不断地吃惊，就是偶尔很平静地询问，再就是身体向后退了一下。

最后，妈妈不得不下决心了，想办法给孩子换一所学校，希望遇到个能理解孩子性格的老师，能教会她和大家一起学习……

妈妈四处奔波，找到了巴学园。但妈妈并没有告诉小豆豆这次退学的事情，只希望等她长大后，再找个机会告诉她。最后，小豆豆的妈妈和小豆豆去了那所听说很不错的学校。

难道不是因为有这样的妈妈，才会有这样的小豆豆吗？

小豆豆的校长

读完《窗边的小豆豆》，我对巴学园的校长产生了深深的敬意，他那德高望重、和蔼可亲、充满智慧的形象已刻在我脑海里。虽然他已过世，相距也非常遥远，但我觉得他近在眼前，就像一位老朋友，已深深地影响了我，教会了我该怎样去爱孩子。

小豆豆上一年级时，她的第一所学校的老师把她当成了一个扰乱课堂秩序、不守规矩、老师见了头疼的"问题小孩"。就是这样一个"问题小孩"，来到巴学园后，小林校长竟单独和小豆豆聊了四个小时。聊完后，小林校长宣布小豆豆是巴学园的学生了。提心吊胆的妈妈长舒一口气，悬着的心也放下了。虽然小豆豆并不能明白，更不能体会妈妈当时的心情，但这四个小时的聊天给小豆豆的感觉非常好。四个小时的畅所欲言，小豆豆在书中多次提到，那之前和之后都没再有过这样的聊天，想必对她的一生都起到重大的影响。小豆豆记录了在巴学园上学期间她和小林校长偶遇的对话及各种活动场景，比如：有一次小豆豆掏粪坑找钱包，小林校长只说了句"再把它放回去"。巴学园的很多事都对小豆豆的人生起到了非常积极的影响，以致小豆豆写一本书来怀念小林校长。

这本书就是《窗边的小豆豆》。

第四章　跟随成长的脚步

四　大自然就是最好的教科书

这几天，读了几本与自然有关的书，于是我对自然更加地崇敬和向往，心里有一个声音告诉我：有机会多带孩子走进自然，感受自然，接受自然的熏陶和洗礼。

在《倾听自然》这本书中，看到作者和小松貂的故事：

那是一个春日的午后，我平静地坐着，享受森林的寂静之美，30英尺之外，两只小松貂从它们的洞穴里探出头来。它们只有几个月大，正对周围的一切感到好奇。起先，它们小心谨慎地离开安全的洞穴，但是很快，它们就把这份谨慎丢到了脑后，开始追逐玩闹起来。

后来，它们中的一个发现了我。在好奇心的驱使下，它决定跑过来看看我到底是谁。另一只小松貂跟着它，走走停停，在几英尺外，全神贯注地凝视着我。这时候，先前那只更加勇敢和好奇的松貂干脆直接跑过来嗅我的左腿。

它们的妈妈彼时正在其他地方忙碌着。当它回来看到它的孩子竟然和我待在一起时，非常震惊，它冲上前来，朝着孩子们大声咆哮，叫它们立刻回家，然后把它们赶回了洞穴！

这两只纯真无邪的小松貂对我的信任，以及它们美丽好奇的眼神深深地打动了我，这次会面让我久久难以忘怀，它们的无所畏惧，感动了我。我想，如果那回我没有那般安静地坐在林间空地上，我绝对无从感受到小松貂们带给我的快乐，甚至根本就不可能见到它们。

看了这个小故事，我也被深深打动了，就像我遇到了小松貂一样，这也让我想起了我曾经遇到的"苦菜花"。

有一天下午放学后，我领小杰到幼儿园后面的植物园里玩。因为幼儿园当时正在搞建设，植物园无空打理，草木自由、无拘无束地生长，里面一派生机。走着走着，忽然发现一小片苦菜花，小小的黄色花瓣，很显眼，一朵又一朵，很是漂亮。说实话，我也从没有用心观赏过苦菜花，但今天的苦菜花，竟然这么抢眼。

那时，我家里栽了一棵芍药，花正在怒放，大大的花朵，绚丽的颜色，若和苦菜花相比，估计没有人会赞美苦菜花。但今天，我觉得这苦菜花可和芍药相媲美。

芍药栽在肥沃的土地里，经过精心照料，也算没辜负园丁的辛勤付出。但这片苦菜花没有这么好的待遇，在植物园里经受着风吹、日晒和雨打，但它们棵棵努力生长，奋力向上，花儿虽小，但个个精神饱满。我忽然被它们感动了，大自然赋予它们顽强的生命力和生长的能力，它们也没有辜负大自然的馈赠。感恩遇见苦菜花，一种春天里盛开的野花。

《倾听自然》这本书，篇幅短小，文字优美，读完让人意犹未尽。亨利·戴维·梭罗所说："拥有一颗宁静的心，才能感知美。"乔治·华盛顿·卡佛罗说："只要你有足够的爱，任何一样东西都可以与你对话。"

这些隽语，深入人心，让人内心感到宁静自然，有疗愈功能。不仅如此，《倾听自然》书中的配图也是一绝，出自一位自然摄影师约翰·亨德里克森，曾当选为世界最杰出的20位自然摄影师之一。虽然我不懂得摄影技术，但我感受到了照片的美，并被震撼到了。当我知道约翰是如何拍摄照片时，这种震撼人心的感觉也就不足为奇了。

周日领着小儿子回老家看望公婆，吃过午饭，约上邻居一起爬村后的小山。小山不是很高，但长时间不爬山的我们小心翼翼地，就怕一不小心滚到山下。邻居家的小孩比小儿子大一岁多，由于经常爬山，一溜烟就爬到了离我们很远的半山腰，还轻而易举地就爬到一块看似陡峭的大石头上，吓得我一再大声吆喝，而孩子却洋洋得意。看到孩子能有这样强壮的体魄和灵巧的身手，心里还是很欣慰的，感觉孩子已融入自然，能与自然和谐相处。

小儿子四岁多，也很勇敢，手脚并用，爬过一次又一次的"险境"，有时还要求停下来拍照留念，留住这美好的自然风景。说到风景还真是别有一番风味，伴随着阵阵野花野草的清香，一种久违的味道，把我的记忆拉回到了小时候，也让我想起了大儿子六岁时爬山的情景。原来山谷回音是一样的，爬这座山，心里回应着那座山，山与山相连，心与山相通。

一不留神儿，我被松针扎了一下，猛然回神，小儿子正和爸爸一前一后、一大一小地把大山踩在脚下，沉浸在爬山的快乐之中。

中途休息，坐在干净点的石头上，吃着邻居妹子带的苹果，俯瞰山下远处的村庄，环看周边的山岚，长长地舒一口气，感觉太好了！大自然是有灵性的，站在山上，让我们尽情吸收天地间的精华，让孩子充满灵性地生长。

看看身边的小儿子，也长成一个帅小伙了。回想这四年来的陪伴，还是很欣慰的，欣慰的是自己陪伴小儿子的成长是用心的，努力遵循着他内在的身心发展规律，没有过多地去打扰他，让他在一个自由宽松的环境中自然成长。

133

五　孩子的社会能力很重要

社会能力是一个人立足社会的基本能力。孩子的社会能力就是孩子解决冲突和与人相处的能力，人是社会动物，没有社会能力的孩子很难取得成功。

回想四十来年的经历，遇见了形形色色的人，也见证了自己和身边人的不同人生轨迹，真正认识到社会能力对一个人在社会上立足的重要性。

记得看过这样一个小故事：

两个同样条件的青年同时到一个公司上班，过了不长时间，青年A被提拔了，青年B觉得不公平，就找领导要说法。领导没有说什么，只给这两个青年布置了同一个任务，到市场去买西红柿。不一会儿青年B回来了，告诉老板市场上没有西红柿。又过了一会儿，青年A也回来了，汇报了市场上没有西红柿，但他考察了土豆、茄子的质量和价格供领导参考。领导没有作任何解释，青年B哑口无言，明白了自己输在哪里。

由此看出，从小培养孩子的社会能力是多么的重要。《如何培养孩子的社会能力》这本书主要是教孩子学会解决冲突和与人相处的技巧。在孩子遇到问题时，我们的做法常常是给孩子支招，帮助孩子解决问题，代替孩子进行思考。这本书针对家长的这个教育误区，用简单易行的游戏方式，引导、锻炼孩子学会思考，把问题归还给孩子，也就是书中说的"我能解决问题"，能够帮助孩子思考自己及其他人的感受、做法和行为后果，引导孩子自己解决问题。总之，书中的重点是教孩子如何思考，而不是思考什么。

有一天，小杰和小哥哥打了一架，过程如下：

四岁多一点的儿子经常"打"六岁的小哥哥。有好几次，小杰一个人在干事情，小哥哥过去看看，小杰就打他一下，然后小哥哥就跑过来找我告状。

那天下午，又发生了同样的事件。小哥哥过来告状，我出于让小杰承担后果的想法就对小哥哥说："你去打回来。"

小哥哥回去，象征性地打了小杰一下，没想到小杰又打回来了。更让我没想到的是，小杰越打越厉害，竟然想用两只手抓小哥哥的脸。最后小哥哥生气了，一脚把小杰踹倒在地上。我抓紧介入他们，才平息此事。

后来，我在车里问小杰："你为什么要打哥哥?"

小杰说："我不想让哥哥影响我（小杰在弄打印机）。"

我说："那你也不能动手，你可以和哥哥说呀，以后记着了吗?

小杰拖着长音说："记着了。"

我接着说："君子动口不动手，记住了吗?"

小杰说："记住了。"

就这件事，我深深地进行了反思，我这种说教有用吗? 这样的事不止一次了，每次都这样说教，下一次依然重复发生。主要原因是我没有把这个问题分析清楚，到底是我在替他思考问题，替他寻找答案，替他解决问题，所以他并没有把这件事放在心上。

学到的方法立马有了用武之地。第二天，恰巧班里有两个学生打架，我用了书中的方法，轻松解决了问题。

事情经过是这样的：

课间，班里两个孩子打起来了，看起来很凶，我大声说："快停手！"竟然没起作用，他们没有停手，僵持在那里，就在我去拉架的工夫，被打的孩子伸手反抗，用铅笔划了打他的同学的脸。

我先把两个同学叫到面前，让他们陈述过程，还原事件经过。原来A同学交作业时，B同学不小心用铅笔划了A同学一下，A同学以为他是故意的，就还手打他，结果越打越凶，出现了上面的情景。

我对A同学说："B同学不小心划了你，你的反应除了打架，还有其他反应吗？"

A同学说："有。"

我继续追问："有什么？"

A同学说："先问问为什么划我。"

我说："怎么问？"

A同学说："你为什么划我？"

我对B同学说："你怎么回答？"

B同学说："我不是故意的，对不起。"

A同学说："没关系。"

我说："好，你们这里边有误会，这会儿说清楚了，可以握手言和了吗？"

B同学主动和A同学握手，但A同学快速甩开了手，我知道这事还没了结。

我问A同学："你现在什么感觉？"

A同学说："我很生气。"

我和A同学说："先去我办公室，我给你擦点药膏。脸上的伤没事，很快就好了。"

B同学主动陪同，看热闹的C同学也要一起去。于是，他们三个一起来到我的办公室。

我对A同学说："B同学划伤了你的脸，你很生气，正常。"

B同学说："你抓我头发那么疼，我都忍一会了，你还不放手。"

我对A同学说："你打他确实不对，但他是反击。而且，他也不是故意要划你，正好他手里拿着铅笔，是不小心划到的。"

我看到A同学情绪缓和下来了，他也认识到自己的错误，不再是刚才很不服气的样子。他们三个又揭了会儿旧账，一年级的时候怎样……开始了聊天。

后来，他们七嘴八舌地聊了十几分钟，话说开了，心里也就想通了。我说："A同学，你的伤口不深，没破相。你们仨快回去上课吧！"

孩子们走了，回班级了。我长舒一口气，这件事处理得完美。所以，让孩子自己尝试去处理问题，才能从根本上解决矛盾。

读《如何培养孩子的社会能力》这本书快一半的时候，我又运用书中的方法，处理了我和小杰的矛盾。事情经过是这样的：

吃过晚饭一会儿，我得空看一会儿书，这时小杰想让我陪他玩猫捉老鼠的游戏。我说："可是，我想看书。"

小杰继续说："和我玩猫捉老鼠的游戏。"

我问他："我想看书，你想让我陪你玩游戏，那你能想一个办法让我和你玩游戏吗？"

小杰说："玩完再看书，只玩三次游戏。"

我很高兴，同意小杰提出的解决问题的方案，于是爽快地说："好呀，我赞同。"玩完三次后，我重新拿起书来读，但他有点耍赖，不想让我看。

我说："刚才说好了，玩完三次，我就看书。如果你不让我看书，我会怎么样？"

小杰说："你会生气。"

我问他："那你能找到一个让我不生气，你也高兴的办法？"

小杰说："我信守承诺，你继续看书吧！"

我告诉他："我看完书和你玩。"

原来四岁多一点的孩子，真的会用"我能解决问题"的方法处理问题。我很高兴用了一种科学的方法和孩子沟通交流，培养了孩子的社会能力，提高了孩子的情商。让我出乎意料的是，我那四岁多的小杰，不知什么时候学会了用"我能解决问题"的方法，运用得还相当好。

有一天晚上，哥哥找了一部电影《银河补习班》，我们一起看得很投入，剧情也很感人。说实话，电影很长，小杰有点不想看了，他没有用语言来表达他的想法，而是过去把电视机直接关上了，并且说："哥哥，再不关上，电视机就爆炸了。"看，他有理有据的说法达到了自己的目的，关键是他的说法竟一时让我和哥哥无力反驳，而且被他逗笑了。

这本书关注的是一般家庭中日常出现的问题，对于三个不同孩子，运用"我能解决问题"的方法帮助他们更好地成长。

尼古拉斯，是一个10岁的男孩子，很受同龄人的欢迎，不但在放学后有很多孩子找他玩，而且他在学校也有许多玩伴儿。他的同学不但想让他加入自己的功课互助小组中来，而且还想让他加入他们的运动队。尼古拉斯偶尔也会发脾气，或者表现出不耐烦，尤其是对他8岁的妹妹，但大多时候能够控制住自己的脾气。

莎拉，是一个11岁的女孩儿，她想和别的孩子一起玩，但经常被拒绝，她既不要求也不接受同龄人的帮助。当她想得到什么的时候，就会做出攻击性举动；当她不能如愿时，就会发脾气。莎拉是一个典型的攻击性强的女孩。

唐娜，一个很聪明的9岁女孩儿，非常渴望和其他孩子交朋友、一起玩，没有哪个孩子是不喜欢她的，他们只是不知道她的想法。唐娜常常站在一旁观看，等着其他孩子邀请她玩，而想不出如何通过自己的努力得到邀请。很快，她就放弃并走开了。像唐娜这样胆怯或害羞的孩子并非遭到了其他孩子的拒绝，而只是被其他孩子忽视了。

面对这样三个不同性格特点的孩子，家长学习了"我能解决问题"方法后，可运用"理解别人的感受和看法、理解别人的动机、找到可替代的解决方法、考虑后果、分步计划、实际应用"等步骤，逐步引导孩子体会自己的感受，并且能够感受他人的感受，预估他人言行背后的心理动机，学会共情他人，让孩子心平气和地处理矛盾，解决问题，提高情商。

看完这本书，我看到了三个孩子的成长变化。尼古拉斯那样已经具备较强社会能力，并善于解决问题的孩子，其人际交往能力变得更强。像莎拉那样攻击性强的孩子变得能共情，能控制自己的愤怒，会解决问题，能与人友好相处。唐娜以及像她那样的孩子变得更加自信，敢于表达自己的想法和感受，并且能更好地与人相处了。

六　这样爱你刚刚好

上周末和一位朋友聊起教育孩子话题，我和她说现在很困惑，面对四岁多的孩子不知怎么教了。朋友问了我这样的问题："孩子需要你教吗？你能教得了吗？先做好自己，最起码不要给孩子带来干扰。"

朋友确实高见，突然想起蒙台梭利说过："孩子是成人之父。"如果孩子按自身规律发展，内部秩序不被破坏，每个孩子都是天才。我深深地反思自己，没有更多地关注自身成长，而是带着功利心陪伴孩子，往往在无意中打扰了孩子，并破坏了孩子的成长规律。如果能懂得孩子的身心发展规律，并为孩子提供与之相适应的材料，满足孩子自身发展诉求，则对孩子的成长是非常有利的。《这样爱你刚刚好，我的5—6岁的孩子》这本书能帮助父母了解5—6岁这一阶段孩子各方面发展的特点，并给予了具体的指导，对我来说"刚刚好"。

感谢这本书，就像一盏明灯照亮了我前行的路，让我给了小儿子高质量的陪伴。就像昨天放学后，我带小儿子直奔文具店，为他买了很多做手工的材料，如彩纸、瓦楞纸、颜料、串珠、七巧板、布贴等。幼儿园为孩子提供了健康、语言、科学、社会、艺术等方面的各种材料，布置了美工区、语言区、科学区等区域环境，让孩子身心得到健康发展。但在我们的家里，除了基本的、常规的玩具外，没有适合于小儿子年龄特点的活动材料。

这些材料买回去之后，小儿子特别高兴，剪、粘、画、贴、穿、排，可忙坏了，持续"工作"了三个小时。看来孩子和大人一样，只要是自己感兴趣的事就不会觉得累，也不觉得时间长。

很多家长抱怨孩子不好管，只顾玩手机、看电视，一点也不听话，试问："你为孩子准备了多少他感兴趣的材料和游戏？你为他设身处地地想过多少？首是我们不能负孩子，孩子才不会负我们。

就像书中说的，孩子的玩具如乐高、玻璃球等，粮食类的大米、红豆、绿豆等，食物类的意大利面、麦片、玉米等，蔬菜、水果类的柠檬、黄瓜、菠萝等，生活用品类的洗碗海绵、吸管、牙签、瓶盖、报纸、糖纸、喷壶等，废物利用的气泡袋、快递盒、化妆棉和过期化妆品（口红、眼影等）等都可以作为孩子的手工材料。

在生活中进行科学探究这一观点，也给了我很多的启示。我和小杰一起种大蒜、泡豆子，观察、探究植物的生长条件、生长规律等，还和他商议养一种小动物，例如乌龟、兔子等。有一天，儿子说想养一只羊，我坚决地拒绝了。当然，我和他分析了利弊，但没有建议他换养一种小动物，这说明我对孩子的需求还是不够用心。要知道，孩子这种对动植物生命的热爱，会过渡到对人生命的热爱。

在生活中，我们可以利用水果、蔬菜等进行颜色观察、大小比较、归属分类等认知活动。在这里，我就不一一举例了，大家可以举一反三、触类旁通。只要家长是个有心人，处处都是可利用的教育资源。

走出家门玩艺术。带孩子走出家门，走进博物馆、美术馆、展览馆、音乐厅、剧院等，帮助孩子提升艺术感。

大自然是艺术创作的源泉和空间，也是伟大的艺术师。它向孩

子无私传授着关于艺术的基本知识。孩子可以在大自然里感受与艺术相关的一些基本概念和元素，一切艺术都能从自然里找到原型，但是需要孩子学会观察自然，从中吸取创作的灵感，并应用于创作中。孩子在大自然中可以学会关于颜色、形状、大小、比例等基本的美术概念，学会关于音量、音质、节奏等基本的音乐概念。

沙子、泥土、树叶、树枝、石头、花朵、果实，甚至阳光、风和雨水，大自然里的一切都能成为艺术创作的材料和工具。孩子可以利用大自然提供的材料进行艺术创作。如树叶可以制作成树叶粘贴画、标本和书签。路边的松果涂上颜色就是个装饰物，塞上棉花、贴上眼睛就变成了可爱的小动物等。

大自然是不断变化的，一年四季各有不同。我们需要根据具体的环境与气候来选择更适宜的活动，带孩子到大自然中去感受季节的变化。大自然空间开阔，允许更多的人参与，孩子可以完全动起来，放松身体，思维也就打开了，艺术创造的本能也会得到激发。

这本书还让我进一步了解了孩子在动作、语言与创造力、情绪、人际交往等方面的发展特征，收获特别大，建议家长读一读。

七　你说我听

今天早上送孩子上学，快走到车旁时，小杰叫我："妈妈快来。"我就耐着性子过去了（因为学习了，知道要尊重孩子），原来是一条又细又长的蚯蚓在路上弯弯曲曲地爬行（天上还下着零星的小雨）。

小杰说："啊，太可怕了！"我接着说："不怕，它就长那样"。说完后，忽然想起了《如何说孩子才会听　怎么听孩子才肯说》这本书里说到的常见问题之一：父母不认同孩子的感受。我这样说不就是在否认小杰的感受吗？

当孩子的感受不断地被否定时，会感到困惑和愤怒。这是否暗示孩子不要去了解自己的感受，不要相信自己的感受？当我再次走到车旁的时候，我已经反思完成，边开车门边说："你看到它的样子，觉得太可怕了？"小杰说："嗯。"我说："蚯蚓的样子是有点可怕，但是它不咬人，你也不用太紧张。"

我很庆幸看了这本书，能让我在生活中用正确的方式和孩子沟通，减少因无知带给孩子伤害。

养育孩子我们是否达到了应该有的重视程度呢？是否懂得孩子的成长规律，是否知道孩子每个年龄段的心理需求？养育孩子真的需要看书学习，才能给予孩子正确的爱，让孩子身心更加健康地成长。

当孩子生气了，不会用语言表达情绪的时候，可以让他通过其他方式发泄情绪。书中写道，一位妈妈让一个三岁的孩子用画画来发泄情绪，另一位妈妈回家尝试后，发现很有用，只不过她的孩子是用笔戳纸，把画纸戳出好多洞。妈妈拿着纸对着光线，说："看得出来，你的确很生气！"孩子抢过纸又一点一点地撕成了一堆碎纸屑。然后，抬头看着妈妈说："妈妈，我爱你。"孩子对妈妈能说出这样的话，可见孩子内心被理解了，他很感激妈妈的理解，他能感受到妈妈对他的爱。

昨天和同事们探讨学习的重要性。在说到"感受"这个词的时候，我表达了我的观点："面对3—6岁的孩子，我们说出的话，一定要让孩子感受到爱。其实这适用于任何年龄阶段的人，人的感受能力与年龄无关。"我随机"采访"了一位20岁的年轻老师，让她说说其父母有没有说话让她感觉不好的时候。这位老师很有感慨地说："我说头疼，我妈说，看手机看的；我说脖子疼，我妈说看手机看的；我说腰疼，我妈也说看手机看的；我说累了，我妈说让手机休息休息。"

我问她："如果你妈说，闺女快让眼睛休息一下吧，看手机时间长了对眼睛不好，你有什么感受？"年轻老师很幽默地说："那还是我妈吗？"这个老师说，她和妈妈说任何事，妈妈只会"嗯，啊"，应付了事，有时还会来一句："还有这样的事？"她从妈妈那里根本得不到理解和积极的回应，她也很是郁闷。

估计这样的互动模式，很多人都不陌生。父母不能和孩子好好说话，孩子得不到父母的理解和支持，对其成长也是一种很大的阻碍。

生活的很多乐趣来自梦想、幻想、期待和计划。《如何说孩子才会听 怎么听孩子才肯说》里有一个关于爸爸和女儿的故事：

有一天，女儿问爸爸可不可以给她买匹马，爸爸没有告诉她这不是有没有钱的问题，而是说："哦，你希望能有一匹属于自己的马，说给我听听，你打算怎么养它。"接着呢，他仔细倾听了女儿关于养马的种种细节，比如怎么喂它，怎么装饰它，怎么每天出去骑马。

仅仅谈了谈梦想，女儿就已经很知足了，她没有再强迫爸爸真的给她买匹马。但从那次谈话以后，她从图书馆借来关于马的书，开始学习画马的素描像，并积攒自己的零花钱，准备给马买块地。几年以后，她申请了一份马场训练员的工作，在那里可以偶尔骑马。14岁那年，她对马的兴趣已经没有了。有一天，她宣布要用买马的钱去买一辆变速自行车。

第四章 跟随成长的脚步

八　无条件养育你能做到吗

　　《无条件养育》这本书不容易看，看完后，我发现其提出的理念也很不容易实施到位。读这本书时有一个明显的感觉，就是"看不动"。刚购买时，看前十几页，用了好多天，最后搁置了半年。疫情期间，居家隔离，才得空坐下来，硬逼着自己把这本书看完。看完后我发现，这真是一本好书，虽然理念不容易实施，但我对书中提出的"奖励和惩罚都属于有条件养育"这一观点印象非常深刻。因为有条件养育是我们习以为常的，是特别容易实施的教育方法，但对孩子的影响还是很大的。

　　在这里，我分享一下受益于这本书的一个观念转变的实例。小杰经常向我表白："妈妈，我爱你。"我会回应他："妈妈也爱你。"他会反问："为什么呀？"我说："因为你是我的儿子呀。"庆幸自己看了《无条件养育》这本书，让自己能够给予孩子无条件的爱，要不然，我可能会说："因为你表现得好呀。"或是："因为你是乖宝宝呀。"这就给孩子传递了一种信息，那就是我表现得好妈妈才爱我，我是乖宝宝妈妈才爱我，这就是标准的有条件的爱了。

　　那什么是有条件的爱，什么是无条件的爱呢？

　　科恩提出：本书着眼于这样一个区别——家长对孩子的爱到底是出于"他们做了什么"还是因为"他们是谁"。前者是有条件的爱，意味着孩子只有在做到家长期望的事或是达到了家长所规定的某些标准之后才可以得到；后者则是无条件的爱，这种爱与孩子做了什么毫无关联，无论他们成功与否，无论他们乖巧与否，家长都毫无保留地给予他们爱。

对孩子进行无条件养育，就不会带有任何功利性的心态，不会让孩子给我们挣面子。重要的并不是我们认为要无条件地爱他们，而是让他们感觉到我们在无条件地爱他们。

看到过这样一个故事：

有一个人有两个儿子，一天，邻居说："你有一个做官的儿子，真让你骄傲。"结果这个人说："我还有一个在家种地的儿子，我也很骄傲！"作为父母，我们是否也有如此豁达开阔的心态呢？只要孩子健康快乐，一切安好，其他都不那么重要。当我们放下功利，让内心回归安静，就会岁月静好。

父母给予的爱，不奢求任何回报，是所有孩子都应该得到的礼物。书中说到不可采用"爱的暂停"方式，在这里也有必要和大家分享一下：

与其他养育手段一样，"撤回爱"可以以不同形式、不同强度出现在日常生活中。最轻微的表现方式是：面对孩子的某些行为，家长会不动声色地撤出"阵地"，变得冷漠、缺乏温情——或许连他们自己也没有意识到。而最强烈的表现形式则是，家长会直截了当地宣称"你那样做我就不爱你了"，或"你做那样的事，我都不想跟你在一起了"。

有些家长会以明确拒绝的方式收回他们的爱，也就是说会忽视孩子来教训他。

还有的家长会选择在身体上与孩子隔离，通常有两种表现形式：家长要么会走开（往往孩子会哭泣或惊恐地大喊"妈妈！回来！回来！"），要么将孩子一个人留在房间或其他家长不在的地方。这种策略可以准确地称为"强迫性孤立"。

"爱的暂停"可以成功迫使孩子的行为更加符合成人的要求，所造成的最显著的影响就是孩子产生恐惧感。

这本书，还讲解了惩罚和奖励的害处。现在，大多数家长运用惩罚的手段来教育孩子，更多运用的是"自然后果法"。"自然后果法"是法国教育家卢梭提出的一种教育方式，即当孩子犯了错，造成了很糟糕的后果时，就让他自己去体验这种后果带来的影响，孩子得到了教训，在下一次行事的时候才会有所改善，避免再次承担类似的后果。这种体验式的教育方法在众多家庭中受到广泛好评，他们认为孩子从小承担责任，明白应该做什么不该做什么，自然就能够朝着正确的方向前进。

但真的是这样吗？无条件养育理论认为，孩子的行为只不过是其感觉、思想、需要和意愿的外在表达，简言之，重要的是实施行为的孩子本身，而不是行为。他们之所以这样做，而不是那样做，一定有许多不同的理由，而这些理由可能彼此紧密关联。我们不能忽视孩子的这些理由，不能单纯地对其结果作出反应，因为每个理由都需要不同的应对手段。

就像作者说的，他的女儿在过完四岁生日后的几个月里，经历了一段困难的时光，经常故意说难听的话、大声尖叫、用力跺脚，常规活动很快升级为一场意志力的对抗。她本来答应我们晚餐后去洗澡，但没有做到，提醒她刚刚作过的承诺，她竟开始歇斯底里地尖叫，甚至吵醒了正在熟睡的小弟弟。他们要求她尽量安静，可她再次发出尖叫声。

于是，作者发问：女儿最后安定下来了，那么我和妻子是否应该像往常那样拥着她躺在床上给她讲故事？

有条件养育会说"不"，如果我们像往常那样一起进行愉快的活动，那就是对她不良行为的奖励。这种活动应该暂停，我们要温柔且坚定地告诉她，为此她要承担这种后果。如果给她讲故事或用其他方式继续向她表达我们的爱，只会鼓励她变本加厉地发脾气。她会发现吵醒弟弟也没关系，拒绝洗澡也无所谓，因为她会将我们的爱解读为对她刚才所作所为的强化。

无条件养育则会以一种截然不同的角度去看待这个问题，乃至看待人性。就动机而言，无条件养育会更多地从"内在"而非"外在"去寻找孩子产生这种行为的理由。或许她只是受心中一种难以名状的恐惧感的影响，或者是产生了一种她不知道该如何表达的挫败感，或许是与家里多了个新的"竞争对手"（刚出生的弟弟）有关。

孩子并不是有意让我们痛苦，她没有任何恶意，只是在用她知道的方式告诉我们哪里出了问题，其可能是刚刚发生的，也可能是存在已久的。这种做法无疑是给孩子投信任票，它否定了"孩子一定会从关爱中吸取反面教训，或一旦感觉自己可以逃脱惩罚就始终要表现恶劣"的假设。

由此，我们应该知道了作者是怎样对待他的女儿的，肯定是拥着她躺在床上给她讲故事。因为他要让女儿知道，无论发生什么事情，他们都爱她。那一晚的拥抱尤其重要，她会从父母的行为中感觉到他们的爱是不可动摇的，这会帮助她快速地修复伤口。

当然，无条件养育并不代表可以忽视发生的一切，无条件养育不是放纵孩子为所欲为。在暴风雨之后，对孩子及时进行教育、与孩子共同反思是十分重要的——作者给女儿讲完故事后就是这样做

的。如果她确信自己的行为不会削弱父母对她的爱，那么想让孩子吸取教训，实现起来都会更容易。

惩罚，有的家长做完就后悔，有的家长尽量不用或少用。但对于"奖励"也是一种有条件的养育手段，父母也会感到摸不着头脑。现在不是提倡表扬、鼓励、正面教育吗？"奖励"有何不对？我也在本书中找到了答案，解除了疑惑，"奖励"的手段不能常用。

有研究结果表明，无论是成人还是孩子，对其提供奖励后会更不容易完成或出色完成任务。密歇根大学在20世纪70年代的一项研究发现，当幼儿园的孩子完成有趣的活动后，给他们提供额外的奖励，反倒让他们觉得这些有趣的活动只是工作，而不是游戏。一组三四岁的孩子都很喜欢画画，在实验开始的时候，孩子们被告知，只要画画就可以拿到"好宝宝"证书。这群对奖励有预期的实验组的孩子，尽管都喜欢画画，却把画画当作为了获得额外奖励而进行的任务，没有把画画本身当作乐趣，结果他们的表现明显不如其他两组实验控制组。这是因为，预期奖励实验组的孩子只愿意付出能够领到奖的时间和努力。

相较之下，两个实验控制组的孩子就是简简单单地因为喜欢画画而随性地画，预期奖励实验组的孩子则比较早地停止绘画，绘画时间仅为其他实验组的一半。如果不是因为内在的满足，而是为了得到未来预期的奖励而去做一件事，我们就会像预期奖励实验组的孩子一样，失去享受过程本身快乐的机会。

这是内在动机与外在动机的问题。"内在动机"是指出于喜好，喜欢自己所做的事；而"外在动机"是指做某事以达到某种目的，为获得奖励或逃避惩罚。

外在动机很可能会侵蚀内在动机。当外在动机趋于强烈时，内在动机就会随之减弱。孩子做某件事情时，得到的奖励越多，就越容易对事件本身失去兴趣。所以我认为，作为父母，我们要尝试并学会无条件养育，充分肯定孩子，让孩子真正感觉到我们无私的爱。

第四章　跟随成长的脚步

九　我们需要终身学习

终于把《终身学习》这本书读完了，现在是凌晨1点09分，但我完全没有睡意。这是我看得最轻松的一本书，字数不是很多，但字里行间透露着很大的魅力，所以我一气呵成地读完。这本书的写作方式也很特别，看似像写总结，总结了十条法则，但总结得很好，观点明确，立场鲜明。

真的很感谢这本书，开阔了我的视野，让我对自己有了更清醒的认识，也更坚定了自己的人生方向。

这本书很神奇，阅读后让我思绪万千，把我带进一个广阔无垠的思维世界。

法则五"感恩为上，成功次之"，有这样一段话：巴勃罗·聂鲁达曾写过一本诗集，名叫《平凡事物之歌》，诗里面写的都是平凡的事物：盐罐、椅子、开罐器……读这些诗，能给人一种全新的感觉——平凡的事物在我们的生活里是如此重要。

读着这段话，我想起了一些人和事，一些曾不能让我释怀的人和事，如有对我的误解、有对我的攻击等。我曾很愤恨、很委屈，但从此时起，内心的冰在融化——谅解和宽容加速了融化，心里还有一些感恩。我想，这就是文字的力量。实际上，文字只是传播途径，我真正感受到的是作者的力量。

当读到法则四"表现为上，赞誉次之"和法则九"目标为上，金钱次之"时，我叩问自己："你要的是什么？"然后又反问自己："你都怎么想的？怎么做的？"这些文字拯救了我纷繁的思绪，让我的思维变得简单清晰，心情变得轻松，从而找回了初心。

继续读书，人生一定要有大格局。当读到法则七"合作为上，地位次之"时，我想起了一句话："一个人会走得更快，但一群人一定会走得更远。"一群志同道合的人，为了同一个目标走到一起，我们边走边观景，是景中人，亦是人中景，感觉很美好。

其他的法则，也悄悄地影响着我，有些作用已经内化了，只可意会难以言传。我们要回顾过去，活在当下，展望未来。

第四章　跟随成长的脚步

十　父母有格局，孩子有胸怀

　　最近听很多人讨论《父母的格局》这本书，其中一人是我的同学。有一天，我们聊起了孩子的教育问题，她发表了这样的感慨："现在大多数父母为孩子选学校，其实这都是家长最低层次的思维方式。《父母的格局》的作者黄静洁说，要让孩子自己选择学校。这是多么大的格局？"

　　让孩子自己选择学校？我充满了好奇，这是一位什么样的家长？理念这么超前？胆量这么大？带着这些好奇和疑问，我迫不及待地买了这本书。

　　一买来这本书，我就急切地读起来，但因忙于工作和陪伴孩子，用了近三周的时间才读完。书中不少内容已内化吸收，记在心里，下面分享一下脑海里最清晰的记忆和本书带给我的影响。

　　印象最深的是黄静洁老师的格局，她大格局的教育思想给了我很大触动。孩子的生命是父母给的，但这个生命应该属于更大的世界。只有孩子被世界需要，孩子的人生才会更精彩。"格局养育"就是给予孩子榜样、视野、信念和内在的力量，让孩子去参与和改变未来的世界。黄老师基于这样大的"格局养育"，介绍了很多养育的方法，其中就有"第三种力量"的说法。我理解的是对孩子进行借力教育和开放式教育。这种教育方式突破了单一家庭的教育模式，孩子缺少玩伴，没有和玩伴在一起的快乐，社交面也就很小。这让我想到了我的一个同学，她经常组织几个家庭聚在一起，说要一起陪伴孩子成长，扩大孩子的认知面和交际圈范围，拓宽孩子的视野，也让家长们在家庭互动中互相学习，在学习中成长，形成良性循环。

那我们看看黄老师是怎么做的？

在孩子出生后的第一年，由于忙于工作，孩子只好交给妈妈和保姆轮流照看。让她没想到的是当时保姆正在谈恋爱，把孩子放到小推车里，推到广场上晒太阳，自己则躲到阴凉处与男朋友聊天。这让她特别担心孩子"在家是王，出门是虫"。

就在这个节骨眼上，闺蜜家领养的男孩奥斯丁小朋友闯进了孩子的生活。奥斯丁的生日时，她们受邀去参加生日派对。派对场景着实让她吃了一惊，十多个大小不一的孩子都安静地在墙上画画，有用水彩颜料的，有用铅笔或蜡笔的，大孩子站在墙的高处画，小孩子跪着或趴在墙的低处画。黄老师说："紧挨在一起的一群孩子神情专注，让我有些吃惊。我完全摸不着头脑，为什么卡罗尔（闺蜜）会允许一群孩子在家的墙壁上涂鸦。这是在过生日吗？孩子们喜欢的糖果、饼干和好玩的玩具都去了哪里？那些顽皮起来像小魔头的父母都去了哪里？怎么可以单独留在别人家里，万一孩子们打闹了怎么办？"正当黄老师疑惑不解的时候，卡罗尔开始安排孩子们分批去洗手间洗手……

黄老师在人群里悄悄观察着，整个派对过程中没有任何打闹的迹象。快接近尾声的时候，孩子们的父母一个个不声不响地出现了，他们好像都是踩着点儿来接孩子回家的。家长们一直站在门口，并没有参与到活动中来……

这么一个小小的派对让黄老师对卡罗尔佩服得五体投地，因为她跳出常规，想出了许多别人想不到的创意点子。一般家长给孩子

过生日，无外乎买一堆玩具，或花钱租个场地，或去餐厅吃顿大餐。卡罗尔却让孩子们在一个完全意想不到的空间里折腾，还玩出一些他们喜欢并且充满创意的事情来。

看得出来，卡罗尔对孩子没有一点敷衍了事的态度，她不但从奥斯丁的需要出发，更可贵的是，她把别人家孩子的兴趣也一并考虑周全。黄老师开始自省，自从当了母亲之后，基本停留在"巧妇难为无米之炊"的状态下。做好"巧妇"，是黄老师最大的追求，一手照顾孩子的吃喝拉撒，一手打理着繁杂的工作。可是在卡罗尔家里，黄老师这个"巧妇"的脑子却被严重地撞击了一次又一次。卡罗尔就像一位魔术师，可以随时随地空手变出各种五彩小球，把奥斯丁的生活填满，她还能让这些小球发出五颜六色的光芒，不断为孩子带来意外的收获。黄老师能感觉到在有颜色、有温度、有歌声的空间里长大的孩子，以后在他的身体和心理上也会长出丰富的颜色，散发出暖人的温度，唱出动听的歌。黄老师希望自己的孩子将来能成为一个有颜色、有温度、有歌声的人。奥斯丁的生日派对为孩子们开启了一扇大门，让我认识到自己必须尽快从"巧妇"向"魔术师"的角色转化，务实固然重要，但务虚才是真正的考验。

黄老师发现了一个重要的奥秘，那就是在一个原生家庭之外，还可以为孩子找到另一个亲密家庭，两对父母可以成为好朋友，孩子可以相伴长大。如此做的好处实在太多了，孩子一下子多了兄弟姐妹，交往的天地一下开阔起来。在有机会进入学校之前，孩子已经可以在一个相对熟悉但又保持一定距离的家庭里学习，与父母之外的成人打交道。

父母给了孩子一个原生的家庭，学校给了孩子一个进入小集体学习知识和进行社会交往的场所，而卡罗尔一家却代表着一个全新的环境，让孩子能够在亲人和学校之外接触更广泛的人、事、物。

这些人、事、物就是影响孩子们的"第三种力量"。从此，在"第三种力量"的陪伴下，孩子得到了更好的成长。

"闲暇里有真教育"的说法，也让我触动很大。现在，孩子们基本没有"闲暇"时间，周末及节假日孩子都在忙着上辅导班或上特长班。在这里，又能显现出黄老师的教育格局。黄老师说："闲暇所带来的教育意义不仅巨大而且细密，不仅深远而且深入。我提倡学龄前儿童每天一定要拥有自己可以随意支配的、纯粹玩的时间，如果能有小伙伴一起玩更好；到了学龄儿童和青少年阶段，玩的另一个功能就是把学习从课堂教育延伸到现实生活里去。"

让孩子可以真实地触摸世界，在触摸中玩出精彩，玩出理想，玩出自己的追求。这就是教育的意义——帮助孩子成为一个更好的自己。

黄老师还介绍了如何给孩子提供多元化的生活体验和渗透式的课余生活。主要涉及以下几个方面：

闲暇教育：不是纯玩，而是立体式学习的乐园；

课余生活：感受美好，让天性得以自由；

慢养："浸泡"出孩子的高情商；

"闲"的真谛：闲书、闲物，启蒙生命中的情感教育；

"玩"的艺术：让游戏力赋能好品格；

情绪教育：训练孩子感知、分辨、管理喜怒哀乐怕；

分享练习：品行不是知识，不能被灌输进孩子大脑；

自主时光：一年52个周末，培养兴趣的黄金时段；

夏令营：带孩子来一场"浸泡式发酵"的暑假之旅；

远行：把世界"植入"孩子的心中。

　　"闲暇里有真教育"，帮我打开了工作思路，开阔了人生视野。如果我们做到如此教育孩子，孩子的人生该是多么的富足。

　　在日常教育工作中，我们要着眼于大格局，眼光向内审视，不能紧盯孩子，而是做好自己。

十一　"鹰"的蜕变

　　有一本书念念不忘，因为它带给我精神食粮；有一个人耿耿于怀，因为他是我学习的榜样。这本书是《改变孩子先改变自己》，这个人就是书的作者——贾容韬。

　　贾老师在书中说："四十五岁以前，我一直认为是自己在改变孩子、塑造孩子；四十五岁以后我才意识到，是孩子在改变我、塑造我。从一个草根父亲到一名教育专家，人生出现如此巨大的转折，是孩子在引领我成长。"这段话，我太赞成了，我经历过，所以我能体会。

鹰的蜕变

　　看完《鹰的蜕变》这个视频，我被震撼到了，也被激励了。鹰是世界上寿命最长的鸟类，它可以活到七十岁。问题是它们在四十岁时必须做出一个艰难而又重要的决定，那就是改造自己、重新做"鹰"。它们首先用喙击打岩石，直到老化的喙完全脱落；当新喙长出来后，再把老朽的趾甲一根一根拔掉；当新趾甲长出来后，再把它们陈旧的羽毛拔掉。五个月后，新的羽毛长出来，老鹰又踏上新征程——继续在蓝天翱翔近三十年。

我们要有鹰一样的精神和毅力。贾老师在一年多的时间里，把儿子从一名沉迷网络、学习成绩排名全班倒数第一的"问题"少年，培养成为品学兼优、德才兼备的学生。这真是一个奇迹，奇迹源于父亲坚如磐石的信念。更令人佩服的是，贾老师阅读了各类中外书籍1200余册，书写教子日记、随笔、感悟1100万字，并出版了多本著作。

辛勤耕耘结出了累累硕果。在贾老师的帮助下，很多网络少年走出了虚拟的世界，多名厌学儿童走入优等生行列，多名辍学孩子重返校园。贾老师为了家庭教育事业，愿意奋斗终身，一直坚持为此倾注全部的热情和心血。可谓爱出者爱返，福往者福来。

贾老师在他的书里讲了如何帮助儿子戒掉网瘾的故事。迷恋网络是造成"问题少年"的一个重要因素。孩子10岁的时候，夫妻俩因工作忙，就让游戏机陪孩子，这样起码孩子不出去玩，能保证人身安全。但孩子逐步迷恋上了游戏。13岁以后，孩子在家玩不过瘾，便到电子游戏厅玩。那时，孩子虽然玩游戏但没耽误学习，他也没把这件事放在心上。高一下学期问题便暴露出来了，他陷入了一个恶性循环，上课精神不振，学习成绩直线下滑。

抽刀断水

贾老师开始重视儿子的问题，最初耐心地进行说服教育，但不管用，后来责骂，也不见效。儿子不但不接受教训，反而变本加厉，通宵玩游戏。后来，儿子的成绩下滑到班级倒数第一，还产生了一定的暴力倾向，数次参与校内外打群架。

和很多家长一样，贾老师纳闷了，怎么会这样？怎么越教育越糟糕呢？问题到底出在什么地方？贾老师开始反思自己：作为孩子的父亲，作为孩子教育的第一责任人，自己究竟做错了什么？应该怎么做？

思前想后

网瘾到底是什么？贾老师开始读书学习，进行深度思考，后来给"网瘾"下了个定义：网瘾是孩子对错误家教方式的一种抗争手段，是孩子丢掉理想信念后精神寄托的另一种方式，是孩子渴望被认可、追求成就感的非理性选择，是孩子精神长期压抑后的一种心理宣泄。当明白这些问题后，他决定用一种宽容的心态，设身处地地站在儿子的角度去考虑问题，然后意识到孩子出现问题是一种必然。问题反映在孩子身上，但病根在家长身上，是家长把孩子推向了虚拟的世界。贾老师下定决心和虚拟世界作斗争，把儿子"抢"回来。

釜底抽薪

如果我们把网络游戏视为洪水猛兽，对孩子进行粗暴干涉、围追堵截，不仅把孩子搞得心力交瘁，孩子还会因为精神需求得不到满足而越来越沉迷于此。吸取经验和教训，贾老师决定采用一种和过去截然不同的方法教育孩子。

他先和儿子表明自己的观点，对儿子玩游戏表示一些理解和尊重。很多人都有一个弱点，那就是越控制越渴望，轻而易举得到的反而不会珍惜。暴力制止儿子打游戏，就是对他上网欲望的鼓励和强化。贾老师说："现在，我放手让他去玩，运用孩子的逆反心理，让他思想上放松，然后再慢慢干预，孩子就能听得进去劝说。"

161

　　有一次，儿子在网吧玩了整整一夜，第二天回家时，贾老师表现得非常冷静。他对儿子说："你通宵在外面打游戏，爸爸很担心你的安全。从昨晚晚自习后，我就一直在等你回家。有个风吹草动，我就去开门，结果是一次次的失望，为了等你回家，我一夜没合眼。要是你打个电话告诉我你在什么地方，我就放心了。"儿子没说话，但贾老师能感觉到孩子产生了一丝愧疚感。

　　这期间，贾老师自己不断地学习，尝试无条件接纳孩子，配合学校老师。随着老师不断地用优质的精神营养去滋养孩子的心灵，随着儿子对运动的热爱不断增加，虚拟世界的诱惑在一点点减弱。高二下学期，有一天儿子突然说："网络游戏也没啥意思。"儿子说得很轻巧，但过去的一年多时间，贾老师的付出可不是一段文字就能全部表达出来的。

　　一个孩子如果在家庭中得到了温暖、有了归属感，如果能自如地融入校园生活，如果有了健康的兴趣爱好和充实的业余生活，他还会迷恋网络吗？贾老师给出答案："戒除网瘾，功夫在网外。"

第五章

分享收获的故事

    说到分享其实并不是一件轻而易举的事情。我们要在不断地学习、不断地成长过程中，分享自己的一些成长收获和感悟，让更多的老师和家长少走弯路，避免孩子在成长中受到伤害。在分享的过程中，我发现，分享得越多，成长得越快。有句话说得好，"教育就是一棵树摇动另一棵树，一朵云推动另一朵云"，彼此温暖，携手共进，那是一种爱、一种美、一种善。这就是分享。

    下面分享的收获故事是老师们心中满满的爱在流动、在传递，她们找到了教育的本质，具有教育情怀与格局。当看到大家对我的鼓励和赞赏时，我内心也是满满的感动，充满感激之情，被爱滋养着，有一种无比幸福的感觉。

一　令人心动的遇见

真正结识高华美，是在 2020 年 9 月。初见，就像听说的一样，她是一位很严厉的领导，做事雷厉风行，没想到相处下来，却给人一种亲切感和随和感。

我们在一起工作，时间长了，我发现她是一个很爱学习的人，特别喜欢心理学与家庭教育学。她每天都要挤出时间读书，还经常和我们分享她看书的一些理念和感悟。

为了让老师们也养成爱看书、爱学习的好习惯，高校长经常给我们推荐她看过的好书，让我们加入读书行列，并带领身边的亲朋好友一起读书，同时，举办读书会，让大家分享自己的收获与困惑。通过读书会，她对大家在生活和工作中遇到的问题进行分析，引领大家沿着正确的教育方向一路前行。

为了将自己的教育理念传递给更多的人，她将自己的读书感悟写成随笔，结合教育孩子的方法，创建了公众号"走进心里走近你"，坚持每周发布一篇文章，一步一步、一点一点传递自己的亲子教育理念。每每读到高校长的文章，或者和她交流，自己都会有很大的感触，感觉自己在教育方面还有很多需要学习的地方。

高校长还像我们的知心大姐，对我们的家庭生活、孩子教育非常上心，所以，学校里的老师都喜欢跟高校长交流。我们每每被生

第五章　分享收获的故事

活中的琐碎问题困扰时，都会跟她诉说、讨教，而高校长每次都耐心倾听，细致分析。她的语言有种神奇的力量，好像所有的问题到她面前都不再是问题，她能从你每一句话里找到问题的关键点，找到应对的策略。

我也是一个宝妈，做妈妈已有7年，在这个过程中经历了各种各样育儿的挫败感、幸福感与成就感。平时也会读一些书，不断反思，但有时感觉懂得很多，却不知道怎么实践，有种理论联系不上实际的无助感。

在生活中，我跟儿子的交流也存在一些问题，特别是儿子刚刚步入一年级面对学习与生活不适应时，我很焦虑、很无奈，但找不出问题的症结。

高校长跟我说："孩子现在刚上一年级，显现出问题是好事，有问题我们就找相应策略来应对，不是什么大事，你现在要做的是相信你儿子，他一定没有问题。"我一听，豁然开朗，是啊，我得先相信儿子，一直以来我都很相信他，这次是怎么了？高校长接着说："你现在的任务是抓紧时间去跟老师沟通，把孩子的现状和你的无助让老师知道，把你对孩子的信任让老师感受到，相信他一定会越来越棒，也请老师多鼓励孩子，先让孩子喜欢上学校，喜欢上老师。"

下午放学后，儿子高兴地拿着当天的听写纸和前几次（全错）的听写纸来到我办公室，跟我说"这些是他的宝贝"，然后打开给我看，原来是当天的听写全对了！我抱住儿子，问他什么感受？他说："很开心，全对了，老师表扬了我！"作为"80后"妈妈，在陪伴孩子成长的路上会不断遇到各种各样的问题，我们只有走近孩子，读懂孩子，才能让孩子快乐成长。

二　缘来缘去，缘如水

缘来缘去，缘如水。曾几何时，不止一次问自己，我想要的幸福到底是什么？家庭和睦？孩子优秀？还是更多的收入？直到遇到她，我有了明确的答案。

依稀记得2020年的那个夏天，夏日微风吹过花丛，花草随风摇曳，翩翩起舞，空气中充满了浓郁的花香，沁人心脾。自那时起，她带着温暖和希望走进了我的生活和工作中，温暖了我的心房，照亮了我前行的路。她就是可敬可爱的高华美校长。

读书，成就最好的自己

我从心底敬佩高校长对读书的热忱。我经常问自己，为什么遇到问题时困难总比办法多？为什么简单的问题不会变换思维？后来才知道，是自己的内心不够强大，知识的储备不够丰富，以致解决问题的策略太单一。而这些我需要和向往的能力，在她身上演绎得完美无瑕。

这就是读书的力量！她努力、好学，她善于积累、总结，更善于分享。每每看到她的文章，都有一种身临其境的体验感，耳目一新的满足感。从她的身上，我看到了读书带来的永恒和真谛。

谈到读书与学习，还有不少小插曲。记得刚开始参加读书会时，高校长让我们都参加一个线上学习课程，当时的我们还没有被她那股坚持读书学习的热忱所感染，存有被动学习的心理。可以说是在高校长的"逼迫"下，我们参加了21天的读书学习打卡，坚持每天听两个小时的学习内容、分享学习体会等。一段时间后，我们从最初的抵触，到最后体会到了读书学习的快乐，从而获得了高质量的读书回报。回头再看，读书学习也是一种享受。

高校长不仅是一位爱学习、爱读书的人，她还将自己的学习心得和理念分享给我们。为了让我们快速成长，做个一有知识、有能力、有温度的人，高校长定期组织读书分享会。参会的群体中，有学校的老师，也有家长，我们彼此并不熟悉，但有一个共同的愿景，那就是要做最好的自己，成就最美好的生活。

读书，成就一个好妈妈

我们很容易在教育这条道路上南辕北辙，是因为我们忽略了一点——亲子关系先于教育。孩子呱呱坠地，他的哭啼声是要喝奶，要睡觉，还是需要抱抱？不管哪种需要，这一切父母都无条件给予。

对于自己的孩子，多数父母喜欢直奔主题——教育。我们希望通过教育让孩子人见人爱、善良勇敢、学业有成。所以，从孩子刚出生，我们就在计划孩子的教育方针、教育路线，用成人的思维包办着孩子的一切。当他们不愿意分享时，当他们哭闹时，当他们不听劝导时，我们便对孩子说教。我们言之凿凿，因为我们为了孩子在施教。

然而，这样的说教有效吗？很多时候，事与愿违。因为我们忽视了一点，那就是我们和孩子的关系越友好，教育才越有效。儿童时期，我们需要做的是尽可能平静地和孩子在一起，给他们需要的支持和安慰。

"做个好妈妈"，常常让许多父母感到力不从心，我也不例外。有时面对孩子的情绪问题，真的会焦头烂额、无所适从。每当这个时候，我就会求助高校长，她每次都会温和地和我说："没有人从一开始就是一个好妈妈，我们可以通过学习让自己做得更好，学习自己并不擅长的领域，学习孩子产生情绪背后的真正原因，学习如何给孩子作示范。"

通过一段时间的学习，我悟出一个道理：只要敢于开始就不算晚，我们要从当下行动，爱上读书，爱上幸福生活。总有一天，那个一点一点可见的未来，会在我们的心里呈现，也会在脚下慢慢一路生花。

生活，从不亏待每一个努力向上的人！正如陈奕迅那首歌里唱的："我要稳稳的幸福，能用双手去碰触，每次伸手入怀中，有你的温度……"

感恩在这似水年华中所有的遇见！

三 儿子的记忆

一个多月没见儿子了，最近几天莫名地想念，想他温暖的笑容，想他高高的身影……由呱呱坠地的婴儿成长为健壮懂事的少年，这还是他第一次离家这么长时间。

但是，每一个孩子都是父母心中的宝，每一个孩子都是祖国的未来，总有一天会远走高飞，远离父母的呵护。当这一天到来，儿子远走高飞了，我还是有些许的失落，总想起他小时候的点点滴滴。

上小学时，儿子各方面都不错，古诗考级每次都是一次性通过。可到了初二，成绩就慢慢地下滑，随之我的脾气也是一天比一天见长。记得有一次开家长会，我坐在儿子的座位上如坐针毡，班主任滔滔不绝地讲了好多有关中考的事情，说如果再不努力就很难考进高中。回到家本想跟儿子好好谈谈，结果谈的时候儿子跟我犟嘴，我一下子气不打一处来，开始骂他，越骂越生气，最后动手打了他。后来，儿子在他房间哭，我在我房间哭。

现在回想起来，当时就是控制不了自己的情绪。人们常说，"不学习母慈子孝，一学习鸡飞狗跳"，就这样我们煎熬地度过了他的中学时代。结果可想而知，中考他没有考进理想的高中。由此，我也减少了对他的管束，让他"自主"。

自从高校长来到我们学校，经常和我们聊孩子的教育问题，传授给我们一些先进的教育理念，特别是对孩子的理解、宽容与赞赏等方面。现在想想真是后悔莫及，如果让我现在再来处理与儿子的矛盾，我会跟他心平气和地谈谈为什么没考好，不会一味地打击他，还会多鼓励他、认可他、赞美他。就像书上说的，好孩子是夸出来的，不是打出来的。

前段时间高校长推荐了《如何说孩子才会听　怎么听孩子才肯说》这本书，我从书中学会了如何跟孩子有效沟通。比如今天接到儿子电话，他说："妈，跟你商量个事呗！"我问："什么事？"儿子说："这几天我不想上班了，排班经理天天给我排晚班！"我能听出儿子非常生气，这次我没有立即回答他，只说："妈妈在上班有点忙，等回家再说好吗？"等下班回家后，儿子又来找我说他工作的事情，情绪很是不好。巧合的是，前几天刚跟高校长讨论过类似的事情应如何面对和处理，这次我就用上了。我先是认真听他说，体谅他的感受，认同他的想法，站在他的立场上共情他，结果儿子情绪好转，说："明天认真去上班，再坚持一段时间。"我说："那你就高高兴兴地去上班，别带着不好的情绪，工作时注意安全，工作上的事情要多跟排班经理沟通，那样大家都好。"若是以前，我会说："就你事多，排什么班上什么班呗！"这样说的话，孩子心情肯定更不好，我也会生气，最后也解决不了问题。

通过这一年的学习，我对自己有了深入的了解，同时也提升了自己，更懂得理解孩子的心理，学着放手，孩子的事情让孩子做主，尊重孩子的决定。所以不要给孩子过多地施加压力，学着互相尊重，给自己留有空间。

好好读书，好好学习，好好工作，好好对待自己的亲朋好友，你会发现你想要的就在眼前。

四　遇见您很幸运

初遇

老师是我们成长路上的指引者，他带领着我们前行，帮助我们一步一步成长。在从教的第十五年，我遇见了人生中又一位老师——高校长。

初遇高校长，第一感觉是她很古板、严肃，似乎还透露着一丝不近人情。她特别喜欢开会，周例会、观摩会、课程研讨会、区域评价会，然而开会不仅仅是开会还要进行个人总结，分享收获和反思，制订下一步工作计划和方向。起初，我们内心是非常抵触的，慢慢地好像对开会已不再排斥、反感，反而很期盼，并贪婪地从各种会议上汲取营养，不断提高自己的表达能力、反应能力。在一次次会议中，她的教育理念逐渐在我们心中生根发芽，她坚定的工作态度以及她对教育事业的执着，让我们为之钦佩，随之有一种情感在心底慢慢升起，这种情感好似一种情怀，抑或是一种崇敬。

入心

　　"不读书思想就会停止"，高校长一直这样教导我们，时常给我们推荐一些育儿书。认真研读了高校长推荐的图书后，我受益颇多。在教育女儿的道路上，她给了我精准的指引，让我对孩子的教育有了更深刻的认识。

　　女儿性格开朗，从小到大都很让我省心，我很欣慰。女儿读三年级时，有一天，我收到语文老师的信息："家长你好，孩子昨天作业没写完，是有什么原因吗?"收到信息后，站在家长的立场上，我先是把责任揽在自己身上，说：因为昨天工作忙，回家太迟，没给孩子说清楚作业。晚上回家我会好好教孩子，感谢老师关心。"

　　放下手机的那一刻我想起了一句话：鼓励孩子与我们合作，当孩子犯错误时，惩罚不是最好的解决办法，我们要找到技巧来代替惩罚。晚饭过后，女儿写完作业。我们边洗脚边聊天。我先问她："你猜今天谁给我发信息了?"女儿边擦脚边说："谁呀，妈妈?"我说："是语文老师。"女儿放下擦脚巾，过来抱住了我，说："妈妈，我知道错了，昨天晚上，我真的以为那个作业可以不用写。"我说："妈妈相信你。"又似开玩笑地说："你知道妈妈收到语文老师信息时的心情吗? 比我的老师找我还紧张。"我们咯咯咯地笑起来，这一刻，我说出了自己的感受，孩子也意识到了自己的问题，这种交流方式让我们建立了互相尊重的平台。如何更好地与孩子沟通，更好地感知孩子的感受是一门艺术，作为一名教师和一个母亲，应该去学习这门艺术。

信任

生活是晨起暮落，日子是柴米油盐。和往常一样，我在家庭和工作之间奔跑，照顾女儿的饮食起居和学习，照顾生病住院的母亲，每天认真努力地工作。有一天，和家人的一点小矛盾几乎让我崩溃，歇斯底里地大哭了一场。谨小慎微的我照顾着每个人的情绪，可当我受了委屈时，又有谁来给我一个拥抱呢？突然感觉好累，这不是我想要的生活，但又不能止步于此。

源于信任，我找到了高校长。高校长非常理解我，和我讲述着她的故事，她的日常生活。同时，她告诉我要学会强大自己的内心，丰盈自己的内心，作为一位母亲、一位教师更要学会管理、调控自己的情绪，不要被情绪掌控，要让生命之花盛放，活出健康，丰盈自己，做幸福的自己。这次谈话更像是一场心灵的洗涤，走出高校长办公室的那一刻，我激情满满，全身好像被灌满了能量。

感恩

遇见高校长很幸运，转眼间，她已经陪伴我们走过了一个春秋冬夏。回首相望，那些日子处处盛开着鲜花，我们从最初的陌生走到现在的熟悉，慢慢积累了深厚的情感。她就像一盏明灯，一路指引我不断成长。

同时，我也看到了高校长的真诚和专业，她敢于将自己心中隐藏起来的角落打开，面对面与朋友交心。我想，就是因为这份信任，我肆无忌惮地在她面前袒露了自己。

五　幸福幼师路，感恩遇见您

什么是幸福？有人说，幸福是衣食无忧；有人说，幸福是家人平安喜乐；还有人说，幸福是诗和远方……在我看来，幸福是不固定的，不同的人有不同的幸福感，当我们用乐观积极的心态对待生活和工作时，幸福就像阳光一样伴随在我们的身边。更加幸运的是，这条路上还有良师与你相伴！

时光飞逝，与您相识已有一年，这一年里，感慨良多。记得初次相识，您一脸严肃，虽然偶尔微笑，但还是让人"望而生畏"。这一年，跟随着您的脚步，我一步一步往前走，与之前不同的是，每走一步都更加坚定，更加充实。您给了我一个最具力量的法宝——读书，引领着我们在知识的海洋里遨游。

作为一名幼儿园老师，我们必须要不断学习，充实自己。很感激在您的引领下，工作多年后的我又读了很多书，不仅我个人受益颇多，我的家庭和孩子也受益颇多。通过读书，拓宽了知识面，更新了教育理念，以致在与孩子的相处中，我感觉更加轻松，更加愉快。

在读了您的文章之后，我被您与自己孩子的相处模式深深折服。而我对自己的孩子管得比较严厉，以致孩子现在对很多事情都畏手畏脚，不敢尝试。现在我改变了自己的想法和做法，试着同孩子一

起去尝试新鲜事物，鼓励他勇敢参与各项活动。

其实，除了上述几点，最最让我折服的还是您的工作态度。您对待工作如此认真，如此大公无私。你能全身心投入工作中，不仅仅是为幼儿园的孩子谋幸福，还为幼儿园的老师谋幸福，完全不计较个人辛苦与操劳程度。

很多时候，庆幸自己选择了幼儿园老师这份职业，纵使生活偶有苦涩，但看到可爱的孩子们时，就只有甜蜜。和孩子们在一起的欢乐，是无法用语言来形容的。感恩生于这个美好的时代，唯有用我们的爱浇灌这群可爱的孩子们，才不负这个时代。我希望我们的爱可以代代相传，让世界永远充满爱！

一路走来，真诚感谢您的陪伴，您的陪伴在我心里点燃了一盏灯，明亮且温暖！

六　感激相遇

时光飞逝，转眼间，跟随高校长工作已一年有余。记得，那时我的女儿只有两周岁，正处于敏感期，每天多次哭闹，让我游走在崩溃的边缘。虽然我知道，她大多是无意识地哭，是成长的必经之路，但是在各种压力之下，我还是难以控制自己的情绪。后来，我认识了高校长，在她的心理讲座和各种励志短文中，她经常提到育儿方法，让我恍然大悟，原来哭是发泄情绪的一种方式。

分享是沟通的桥梁。在几个月的读书时间里，我懂得了很多，也进步了很多。我们要以孩子为本，在孩子有情绪、有困难的情况下，和他们站在一起，沟通、分享，共同寻找解决问题的方法。曾经，我和女儿不善交流，经常大吼大叫，而现在，我们成了最好的朋友，互相分享每日趣事。在分享中，我们总会从中发现无限的乐趣。

眼睛是通往心灵的窗户。在生活中，只要多一点观察，就会发现，她的快乐、她的好奇、她的委屈都藏在眼中。而关于孩子的很多细节，我们往往熟视无睹，所以，教育孩子，我们要多一分观察，多一分宽容，多一分沟通。

陪伴是最好的教育。陪伴是给孩子的最大的安全感，安全感是孩子快乐的基础，可以让孩子无忧无虑地成长。在幼儿园里，你会

发现原生家庭对孩子的影响：性格好的孩子、优秀的孩子、快乐的孩子，少不了父母的高效陪伴。作为父母，我们要多学习、多陪伴，跟上孩子成长的脚步。

高校长的文章，总是让我惊喜，也让我受益匪浅。她对教育的认识是全面的、具体的、深刻的，没有夸夸其谈，只有实事求是，都是基于一位教育工作者实践经验的真实解读，让我在不断的阅读中汲取着无尽的人生感悟。

教育要以激励为主。高校长的文章中经常提到一句话，"用赞赏来代替责备，用赞赏来代替皮鞭"。赞赏的教育，可以改变孩子的一生。这不禁让我扪心自问，我对女儿是否做到了赞赏代替责备？在幼儿园，对孩子们是否又做到了用赞赏的眼光来看孩子们？我想，我还需要继续努力！

教育要循序渐进。之前，看到很多妈妈都在说自己的孩子认识了多少字，学会了多少古诗，我很焦虑，自己的孩子是不是应该早点学习，赢在起跑线上。而现在的我，通过读书明白，我不能被外界的现象所影响，不能让情绪左右我，我要让孩子循序渐进、健康快乐地成长。

"活在当下"，简简单单四个字，蕴含着深奥的人生哲理。我们不能让过去和未来影响现在，不要徒增烦恼，不要为过去而悔恨，不要为未来而焦虑，我们要脚踏实地活在当下。

七　这一年，这一生

　　这一年，我选择了自己喜欢的职业，遇到了一群志同道合的人；这一年，每天忙碌而充实，干劲满满且充满希望；这一年，小朋友一声声的"老师好"，让我深陷其中、无法自拔。

　　可是，这一年好像只有我的孩子承受了我所有的怨言。

　　你为什么不听话？你为什么不写作业？你为什么不认真听讲？你为什么不能专心致志？你为什么记不住？你为什么不知道自己应该干什么？这是多么伤人心的话，这是多么冷血的话，可这是我曾经无数次懊悔，又无数次重复对孩子说的话！

　　在寻常的一个晚上，洗漱完成准备睡觉的小家伙，突然提出想和我聊聊天，我随口答应了。因为以前我们总能心平气和地相处，用朋友的语气聊天。可是我工作以后，好像很久很久没有认真和他对话过，总是很匆忙地吩咐任务，很严厉地指责他的过错。当他满脸认真地看着我，说："妈妈，你每次说我时，我觉得我的心都碎了。为什么我总是全心全意地爱你，可你不爱我？"那一刻，我泪流满面，满心愧疚，却又暗自庆幸，愧疚于自己对他的疏忽，庆幸他还愿意和我说出心里话。

　　后来我想，他一定非常伤心，这些话在他心里也一定隐藏了很久。他是疑惑不解，是内心害怕，还是无数次鼓足勇气却又咽回去

179

了，他为什么没有早点跟我说出他的想法。

那一晚，我没有告诉他男孩子应该自己睡，没有向他诉说自己的不容易，没有讲他并不理解的人生道理。就那样抱着他，听他讲这些天的委屈，听他讲学校的趣事，听他讲虽然心碎了却依然爱我的决心。

他睡着后，我仔仔细细地想，究竟从什么时候开始我们的关系发生了改变？原来在这逐渐忙碌的日子里，我渐渐忘记了十月怀胎时的担心，一朝分娩时的忧虑；忘记了第一眼看见他时许下的心愿，无数个日日夜夜见证他成长的喜悦；忘记了当初也只是想让他健康快乐地成长，无忧无虑地长大。

在以后的日子里，我开始参加高校长的读书会，开始看书，开始写日记，开始尝试发现儿子的优点，开始站在他的角度看世界，体会他的体会，感受他的感受，尊重他的选择。我会陪他慢慢骑车，看他上坡时拼尽全力前进的样子；我会看他在我的前方"风驰电掣"，虽满是担心，却又信心满满；我会陪他安静地拼积木，大拇指按到红肿，依然乐此不疲；我会陪他一起去图书馆，不再限制阅读的种类，一待就是一天；我会在他得到小小奖励时，与他一起欢呼庆祝；我会在他练习书法时，买来字帖一起练习；我会因为他睡前洗漱又快又认真，而多多夸奖他。我常想，我不是一百分的妈妈，也没必要要求她做一百分的小朋友。

陪伴孩子成长是一条无法折返的路，这条路漫长且艰辛，同时也是一条满是蜜糖的路，充满甜蜜的回忆和人生的希望。希望他不负自己的努力，看见美好的明天，我们一起从容面对，慢慢前进，静待花开！

很早以前看到过一段话，在这里悄悄送给你，我最亲爱的宝贝：愿你慢慢长大，愿你有好运，如果没有，希望你在平淡中学会慈悲；愿你被很多人爱，如果没有，希望你在寂寞中学会宽容。

八　是您，改变了我

月色朦胧，树影婆娑，风儿轻轻，繁星点点。坐在老家的藤椅上，手捧高校长推荐的孙瑞雪《爱和自由》一书，每每读到深处，如醍醐灌顶，文中的每一个字都强劲有力地触动着我的内心。

回想过往，最初踏上工作岗位的时候，我还是一个"小白"，认为听话的孩子就是好孩子，聪明的孩子就是最棒的孩子，总是习惯用传统的教育方式对孩子实行"军事化"管理，要求孩子们"小手背后，小嘴巴闭紧，踩线喝水，排队如厕……"。

得遇良师，人生至幸。幸运的是，我遇见了博览群书的高校长。是您，带领我读书；是您，带领我学习先进的幼教理念；是您，使我明白，不能用过时的教育理念来教现在的孩子们去面对未来的生活。

在您的带领和自我学习下，我知道孩子在0—6岁是一分钟都不能停止活动的，孩子正是在各种各样的活动中，不断探索、不断获取经验、不断成长的。

在班级里，我时刻告诉自己要营造自由轻松愉悦的班级氛围，给予孩子们足够的爱和自由，让孩子们在班级里从心灵上彻底放松，让孩子们真真切切感受到我的爱，让他们有归属感、安全感。这样，孩子们才会把班级当成家，从而尽情释放自己的爱和感情。

在这个温暖的大家庭里，有时我是严肃的李老师，有时我是他们的大姐姐。只要在安全范围内，我允许孩子们吵闹，允许他们最大限度地释放天性。爱是相互的，也是可以传递的。

孩子们的表现让我无数次地惊叹：有时我蹲在电脑前工作，孩子们就在我的屁股底下塞一把小椅子；有时我撒娇着说"好渴呀"，孩子们会争先恐后地拿我的水杯去接水；有时带他们做户外游戏，孩子们会突然跑过来抱住我说"李老师，我好喜欢你……"。多么可爱的孩子们啊，小小的身躯里充满着大大的能量，与其说是我给予孩子们爱，不如说是孩子们那纯真的心灵如星星般点亮我的生活。每天和孩子们这样开心地生活着、学习着，心中满怀感恩，感恩拥有这群可爱的孩子们，感恩遇到专业且充满情怀的高校长。

是您，改变了我，让我对这份工作有了新的认识；是您，改变了我，使我对学前儿童的发展有了明确的教育理念；是您，改变了我，使我不再囿于落后守旧的幼教理念，积极向前……

晨曦初照，若隐若现，旭日东升，喷薄欲出，起身伫立，合上本书，感恩怀德。

九 学会了沟通

跟随高校长学习心理学理论已有一年时间，记得最初她给我们讲解心理学知识时，我还满心抗拒，觉得这没什么直接用处。虽然当时我很抗拒，但还是抱着一点点的好奇心去学习。没想到，就是这一点点的好奇心把我带入了浩瀚的心理学世界。

之前没有认真学习心理学知识，做事冲动不计后果，甚至在我刚来到这个幼儿园的时候就与领导发生了争吵，那时的我是多么的幼稚，就像叛逆期的孩子一样不服管。清晰地记得，那时领导的表情与眼神就像看自己家不争气的孩子一样，打不得也骂不得。但当时的我却感觉自己受了很大的委屈，坚定地认为自己是对的。现在看，我当时真的错了，过于固执，不会沟通。

在与他人建立良好关系时，我们要积极沟通，学会感受，换位思考。每个人都是不同的个体，我们不可能用自己的感受代替他人的感受；感受没有对错之分，所有的感受都应当被接纳，但某些行为必须受到限制。只有当对方的感受被接纳时，他们才能开始集中精力调整自己的情绪。

小班的孩子情绪很不稳定，经常有些孩子早上一入园便会哭闹。班里哭闹的孩子一多，教师手忙脚乱，根本哄不过来，此时可能会出现烦躁情绪，对哭闹的孩子降低耐心度。后来，我庆幸读了高校

长推荐给我的书，书中内容教会了我如何与孩子快速有效地沟通。再遇到早上哭闹的孩子时，我先让他坐到我的身边，然后抱抱他，让他哭一小会儿，等他平复一下心情，情绪稍作稳定后，再以聊天的方式与他交流。

其实，不仅仅是工作中需要沟通技巧，生活中更需要沟通技巧。网上有一个段子说：回家不能超过三天，三天后父母必定开始嫌弃你。我跟我妈妈就是这样，回家第一天很开心，第二天有点开心，第三天她就开始嫌弃我，甚至我们还会发生争吵。记得有一次放假回家，正好也是第三天，因为一些事情妈妈变得不耐烦。当时妈妈站在客厅里大声对我说话，我气得准备与她进行一场"辩论赛"，那时脑海里突然响起了高校长的一句话"要学会好好说话"。这个回响，瞬间让我不再生气，而是温和地对妈妈说："妈，你好好跟我说话嘛！"妈妈听后，突然蒙了，站在客厅里愣了三秒钟，然后就笑着走开了。看似一句话的事儿，非常简单地处理了纷争，其实是沟通的技巧。要是在以前，我必定会跟妈妈大吵一架，最终不欢而散。

讲话是一门艺术，犹如演奏竖琴，既需要拨弄琴弦奏出音乐，也需要用手按住琴弦不让其乱动。在这一年里，我学会了换位思考，更懂得为他人着想，懂得大局观，学会了如何控制自己的情绪，更学会了与他人沟通的技巧。

十　你是人间四月天

初识高校长时，我们一见如故。她面带微笑，非常和蔼地与初来乍到的老师交谈，给了我们很多高屋建瓴的建议，让我们不仅感受到园里的温暖与爱意，也让我们加深了对幼儿教师这份职业的热爱。在同事与领导的帮助下，我很快融入这个大家庭，每一天的工作都是充实与快乐的，自己学到了很多，成长了很多。

高校长常常利用空闲时间与我们分享自己的人生感悟与读书心得，大家一起交流经验，这样不仅增进了我们之间的情感，更使我们得到了成长和进步，让我们的生活和工作更加顺利顺心。

幼儿与其他阶段的儿童不一样，身为学前教育的老师，我们应该重视与谨慎对待幼儿的一举一动。三到六岁的儿童，需要我们保教结合，做到保中有教、教中有保。我们要让幼儿在日常生活中逐步得到成长与提高，培养他们的良好品德和生活习惯。教育是一个整体，是一环扣一环，不会局限于学前教育这一环，所以，我们要为幼儿终身学习打下一个坚实的基础。

勿以恶小而为之，勿以善小而不为。作为老师，我们应该做好幼儿的榜样。而我们的榜样就是高校长，她时刻影响着我们，包容着我们，促使我们不断学习，提升自身专业能力与素质，提高我们园的学前教育质量。对孩子影响最大的除了父母，就是学校老师，

而现在是幼儿教师。幼儿教师在家庭、社会之间起着一个桥梁的作用，是幼儿接受学校教育的第一步，所以教师自身能力与素养的高度，直接影响到幼儿的潜力发展。

多读书、多沉思和多总结是个人成长最快速有效的途径，高校长起到了模范作用。她把多年的教育经验写成文章发布于公众号，不仅帮助我们快速成长，还帮助家长解决了在教育孩子过程中遇到的困难，让家长更加信任我们幼儿园、信任我们老师，将老师与孩子、家长的心拉得更近。

当家长、孩子和老师站在同一条线上时，就能够使教育发挥最大的作用。我从高校长的文章里学到了很多知识，更加清楚明白了工作的责任，工作中要以幼儿为中心，尊重幼儿的选择，不能因为他小就忽视他的想法而替他作决定。我们要站在孩子的角度看问题，这对孩子来说非常重要。身为幼儿教师，自己的一言一行都非常地重要，无时无刻不给幼儿带来潜移默化的影响，所以我们要谨言慎行，认真对待每一个孩子，蹲下来和孩子们一起成长。

我现在每天下班后坚持反思总结一日工作，持续不断地读书学习，把学前教育理论与保教实践相结合，使自己不断地有所突破与成长，做到用心关爱幼儿，保持百分百的爱心、责任心、耐心和细心。

想起马拉古兹写的《儿童的一百种语言》中的一段话：孩子有一百种语言，一百双巧手，一百个想法，一百种思考方式，一百种游戏方式，一百种说话方式……我希望孩子们长大后还能有"一百种语言"。

十一　爱是放手和共情

　　"爱"是什么，爱是世间最美好的字眼，温润如玉，暖若春风。但丁说"爱是美德的种子"，罗曼·罗兰说"爱是生命的火焰"，泰戈尔说"爱就是充实了的生命，正如盛满了酒的酒杯"。时光因爱而暖，人生因爱而美。没有爱，世界必将是一片荒芜。

　　说到爱，作为父母的我们，都会大张旗鼓地说我有多爱我的孩子；我会给孩子买他喜欢的玩具、零食、漂亮的衣服，带着他们出去玩等。其实，这只是最浅显的爱，真正的爱是关注孩子的内心，哺育孩子的心灵。当孩子与小伙伴发生矛盾时，或者孩子没有按照我们设想的去做时，我们不分青红皂白地批评孩子，没有给他们任何解释的机会，这样做无疑是武断的。我之前就有这样的想法，觉得作为父母，做的一切都是为孩子好，是为了让他少走弯路，我完全忘记孩子也是一个独立的个体，也是有自己的思想的。而且，完全忽略了我所谓的对他的关心、对他的爱，都是我自己的想法，孩子不一定会理解、会接受，可能会有很大的压力和困扰。

　　高校长不断地和我们说，要多看书多学习、多反思多总结，让自己内心充实强大起来。通过读书学习，我加深了对孩子的认识和理解。孩子作为社会中独立的个体，他们需要经历每一个阶段的学习过程，也许在这个过程中孩子会遇到困难和挫折，但谁不是在失

败中成长起来的呢？谁的成长中没有失败与挫折呢？因为我们是成年人，是过来人，所以不想让孩子也经历我们的成长过程中遇到的困难和挫折，于是想方设法地帮他们绕过即将遇到的困难和挫折，从来没有认真思考过，只有经历了挫折、失败，他们才会强大起来。如果一个人的童年都是一帆风顺的，没有任何的挫折、失败，没有经历困难和挫折，没有承受挫折的能力，那么在以后的成长中遇到问题时就会不知所措，产生心理负担。所以，如果真的爱孩子，我们应该学会放手。对孩子适当地放手，有利于培养他们的自主探索能力。

曾听到几个妈妈讨论，孩子多大应该自己穿衣服。好多妈妈都认为，孩子在上小班之前学会穿衣服是根本不可能的事情。但其实一岁半的孩子就能够学着穿戴简单的衣物了，若孩子不会，只是因为父母没有放手让他去尝试。我们总是希望孩子能够尊重父母和长辈，但是如果你天天只做"保姆"的工作，孩子如何能够升起尊敬之心呢？孩子终有一天要独立生活，在此之前，我们一定要让孩子学会打理自己、做好家务，这不仅有助于孩子的独立自主，还能增强他们对家庭的责任感，变得更有担当。

如果你爱自己的孩子，就从放手开始做起吧！望子成龙，望女成凤，是每对父母的期盼。

父母是孩子成长路上的重要引路人。作为父母，我们应该用智慧去引导孩子，用爱去包容孩子。

人非圣贤，孰能无过。孩子在成长的道路上定会犯错，但他会在一次次的错误中成长起来。

以前的我，当孩子犯了错时会非常生气，因为他没有按照我说的去做，很少从孩子的角度去看、去想。我们把成人的观点强加到孩子身上，当孩子遇到事哭闹的时候，就会强硬地去制止，认为他无理取闹。周而复始，这样的问题没有得到解决，那样的问题又会出现。通过读书学习，我深刻地认识到，孩子遇到问题就哭闹是情绪的一种表达方式。当孩子犯错哭闹时，我们不能一味地说教，而要蹲下来和孩子进行朋友式的沟通，多站在他们的角度思考，学会倾听孩子的心声，耐心引导孩子合理进行情绪的表达。

一些家长认为，"棍棒底下出孝子"，棍棒教育之下才能教出好孩子。其实，打出来的孩子只会屈服于"棍棒"，不会从根本上解决问题。当孩子犯错时，他的内心也是非常忐忑的，需要我们和孩子产生共情，告诉孩子"我明白你的感受"，让孩子明白家人与老师是他的依靠。

成长总是需要一个过程，有些错需要时间慢慢去改正。作为家长的我们，不要心急，要给孩子发现并改正错误的时间。为人父母，是不断修行、不断学习的过程。

如果你想让孩子长成一棵大树，就要允许他用自己的方式成长。你能给予的是阳光、雨露、适当的肥料、陪伴和耐心。最终，他长成的样子也许和你设想的不一样，但一定有惊喜。

我们总是为了太多遥不可及的东西去奔波，却忘记了人生真正的幸福，不过是简简单单的陪伴和柴米油盐的充实。

十二　好情绪就是爱

每个人都有自己的情绪，而我恰是一个不会控制自己情绪的人，因此自己会有很多烦恼。那天看了高校长的《有时候愤怒的原因是"感受"被别人否定了》这篇文章，文中说"孩子的感受被家长感受到了，心情是很舒畅的，如果被家长否定，他的心情是压抑的。何止是孩子，我们不都是这样的?"我深受启发。

好的情绪不管是在工作中还是在生活中都会让我们感到愉悦。在工作中，好的情绪可以感染对方，可以更好地与同事交流与合作，同事也会更加喜欢自己。在生活中，好的情绪可以感染家人，让生活更温馨。

大人被别人误解或者批评时，心里肯定是不舒服的，更何况是孩子呢? 我们不能因为我们是大人，就随意批评孩子，伤害孩子脆弱的心灵。

作为老师，我们不能把情绪带进课堂。当我们因为课中的突发事件产生消极情绪时，应该冷静处理，暂时把它放置一边，把即将脱口而出的情绪性话语换一种方式表达出来。

凭借多年的幼教工作经验，我总结出几点方法：一是经常保持积极乐观的心态；二是以宽容之心对待孩子的过错。宽容能够在教育者与受教育者之间架起情感沟通的桥梁。只要老师多一点宽容，孩子就愿意与老师沟通，有了沟通就有了信任。三是及时控制和调节自己的情绪。当我们感觉到自己要生气时，先做几次深呼吸，或者暂时离开班级，给自己一分钟时间冷静下来，这样才不会把消极的情绪发泄给孩子。

有一次，孩子们正在静静地听老师上课，窗外传来鼓乐队的锣鼓声。他们立刻转移了注意力，兴奋得大叫起来。此时，教学活动一下子"冷场"了。工作中第一次遇到这种情况时，我心里很恼火，滔滔不绝地教育了孩子。后来孩子跑出教室，我又采用了强制手段，把他们都叫了回来。后来，再遇到这种情形，我选择让孩子们先看一会儿，满足一下他们的好奇心，待他们稍微尽兴，再示意他们回到座位上。

和孩子交流的方式方法有很多，比如坚持每天和孩子说一个话题，或进行短暂的目光交流。在与孩子的交往中，我们要多鼓励、赞赏和微笑，让孩子看到自己在原有基础上的进步，获得快乐情绪，增强自信，减少心理压力，开心快乐地过好每一天。

十三　接受孩子的不完美

　　很多时候我们自以为是地按照成人的想法教导幼儿，没有了解孩子的世界，没有读懂他们的内心，所以当孩子犯错受到批评时，他们屡教不改。高校长经常说："孩子出现问题不重要，关键是我们怎样正确地引导，不能粗暴地改造。"最好的办法就是，教师通过读书学习，改变传统的育儿观念，提升自己的素养和能力。作为一名幼儿教师，在充分了解幼儿各年龄阶段发展特点的同时，在日常生活中要时时刻刻正确地引导幼儿，促进幼儿更好地成长。

　　通过大量阅读幼儿教育的书，与刚从教时相比，我的教学理念发生了很大变化。现在的我能心平气和地接受幼儿的不完美，能耐心正确地引导他们。班里有一个小男孩爱发脾气，不会交流，不守纪律，动作粗鲁，爱说脏话，力气还比较大，经常把球踢到别的小朋友身上。在我看来，他的行为是一种无奈的发泄，大家都不想跟他玩，他心里一定也很难过。

　　有一天上课时，他又在捣乱了，制造出奇怪的声音。我看了看他，轻声地说："这个声音不好听，我们不喜欢这个声音哟！"然后，我们接着继续上课。这时，他安静了下来，开始听课。提问题时，他积极举起了小手，我第一个请他站起来回答问题，而他的回答很正确，我在全班孩子的面前好好地表扬了他："哇哦！你真了不起！

你的回答太棒了！你真聪明！"接下来，我让全体小朋友都表扬了他，夸他上课认真听讲，回答问题积极主动。后来，他像变了一个人似的，脸上充满了喜悦，很安静很专注地上完了一堂课。那一天，他的表现一直很好，我对他的变化感到欣喜。我想，我们给他的鼓励一定让他感到很自信和很骄傲。其实，每一个孩子都在寻找大家的理解，常常对老师充满期待。

我坚信，在以后的日子里我会继续跟随高校长的步伐——多读书，不断提升自己的能力和素养，及时更新幼儿教育理念，接受孩子们的不完美，寻找孩子们的闪光点，让孩子们看到全新的自己。

第五章 分享收获的故事

十四　幸福快乐地生活

　　从事幼教工作已经十几个春秋，最早带过的孩子有的已经工作了，我也从最初的小姑娘成为两个孩子的妈妈。回顾十几年来的工作和生活，感慨颇多。五年前我加入了这个团队，在这里我感到充实、忙碌，体会着工作的艰辛，同时也收获着幸福、成功与喜悦。

　　上一个学期，初识高校长时让我感觉有一些压力。经过一年多的相处，我很喜欢她。她很爱读书学习，有着先进的教育理念和丰富的心理学知识。她脸上整天洋溢着温柔的笑容，充满阳光和活力。我深深地被她感染了，经常找她聊天。在她的引领下，我也爱上了读书，并从中学到很多知识，增长了不少见识。

　　我女儿读五年级时，学习变得不是很积极，为此不知生过多少气。之前对孩子的控制欲太强，孩子也没有反抗能力，一切都按照我的期待和要求做，现在进入青春叛逆期，不再按照我的要求做，对学习也失去了动力，整天就想着看手机。而我一看到孩子玩乐，不知进退，情绪就失控，几乎每天都与她发生争执，导致亲子关系非常不和谐。

　　高校长常说："要想让孩子越来越好，就要不断地赞赏他，让他带着一种美好的感觉去生活、学习。"通过一段时间的读书学习，我开始尝试控制自己的情绪，不过多唠叨孩子，不对孩子提出过高期望和要求。我开始鼓励她、赞赏她，换位思考，改变我的看法，接纳她的现状。

高校长还跟我强调，一定要尊重孩子、理解孩子，知道他的想法，不管面对什么问题，都要心平气和地去处理。我的班上就有两个特别调皮的小男孩，让人非常烦恼。他们精力旺盛，坐不住，到处跑，不守纪律。别的小朋友在认真上课，他们就跑到区域里自己玩玩具，玩完了也不整理，整天弄得乱七八糟，还爱搞破坏，花样百出。班里的很多益智玩具，都被弄坏了。每次都批评教育他们，结果第二天还是一样，同样的情景每天都在出现。

高校长了解了这个情况后说："让他们玩，会玩说明他们思维活跃，愿意玩、愿意跑，说明他们精力充沛，尝试着满足他们，让他们去释放能量。"在高校长的熏陶和引导下，我改变了方法，控制自己的情绪，心平气和地对他们说："玩完玩具，老师陪着你们一起收拾，好吗？"坚持了一段时间，突然有一天，我发现他们自己把玩具分类整理好了。这让我很惊喜，很意外，也很开心，并及时表扬了他们。在这以后，我再也没见过他们把玩具筐全抱下来，把教室里弄得乱七八糟。慢慢地，他们愿意加入其他小朋友一起到操场上跑步，而我也惊喜地发现，他们的运动能力真的很强。

没有教不好的孩子，只有不会教的老师。和孩子沟通不仅是一门学问，还是一门艺术。真正懂孩子，走进孩子的内心，了解孩子的状况，才会有良好的沟通效果，才能更好地、有针对性地进行陪伴和教育。

花开是美丽的，等待花开更美丽。我会努力学习教育的新理念、新方法，用我的爱感化孩子，小心翼翼地保护孩子幼小的心灵。我要用暖暖的爱悉心关爱每一个孩子，让世界充满温暖的阳光。

十五　相见不晚

　　嗨，2020年我们正式认识了！在这之前我们是见过的，但是彼此不是很了解，那时的您是我儿子小班时的幼儿园园长，唯一的一次交流是您和我说："家长也要好好学习！"我茫然地回了一个字："哦。"是的。短短的一句话，我回家后思考了好久，这是一位什么样的园长能这样语重心长地跟我说"家长也要好好学习"！

　　"哦，天呐，这不是当年那个让我好好学习的高园长嘛！"我们在实验小学幼儿园第一次正式认识，您脸上的高冷和威严的神态，让我立即对您树起了敬畏之心。

　　在一年的相处时间里，您总是跟老师们强调，工作之余要多读书，多悟多思。在您的督促和引导下，我读了很多幼儿教育方面的书，更新了教育理念，学习了教育方法，加深了对心理学知识的认识，并将这些运用到我家两位小朋友身上，也运用到班级小朋友身上。那个面对工作曾经迷茫的我，通过读书学习，头脑慢慢清晰起来，心情也变得顺畅了许多，再面对孩子们的百般状况和问题时，能客观冷静地积极应对。

　　一年多的时间里，您公众号里的每一篇文章我都仔细阅读过，深受启发。作为一个妈妈，听不得别人说自己的孩子不好，但自己有情绪或孩子调皮时，也往往伤害了自己的孩子，对亲近的人批评得多、表扬得少。我时常会因为孩子们调皮捣蛋而大声责备和训斥他们，也会因为孩子们犯了错误而大发雷霆。而那篇文章《你想让孩子越来越好吗？那就赞赏他吧》，让我印象深刻，因为读后，我正试着改变自己，学着控制自己，努力让自己变成一个理性温柔的妈妈。

记得有一次，儿子跟我一起去朋友家里玩。结果他和朋友家的孩子玩得太疯狂，弄湿了全身。我就把他拉过来说教了一番，可一阵批评和训斥之后，儿子不但没有收敛和改正，反而更加我行我素。就这样，在这样周而复始的批评教育中，儿子的缺点没有变少，可我的心情却越来越差。有时，我也会反思，思考为什么会出现这样的结果？读了高校长的那篇文章，突然有了一种豁然开朗的感觉，原来，我只盯着孩子的缺点批评教育他，而忽略了他的感受和优点。

杜威说过：人类本质里最深远的驱策力就是希望具有重要性，希望被赞美。每个人都希望被赞美，在心理学意义上源自个体渴望被尊重、被认可的精神需求，且这种精神需求被满足，人就会充满自信和动力。特别是心灵如玻璃般透明的孩子们，更需要我们的呵护与赏识、鼓励和赞美。我们鼓励的眼神、肯定的话语，更像是自信的种子，播撒在孩子的心田。于孩子而言，表扬的力量永远比批评的力量要大。所以，在面对孩子时，我们要学会鼓励和赞美，定会收到意想不到的效果。

现在，面对刚刚上一年级的儿子，我变得从容了很多。他小小的进步，我会看在眼里，记在心上，并找机会表扬他。刚学习拼音时，儿子学得很吃力，张不开嘴，不会拼读，我没有抱怨，没有大发雷霆，而是耐心地鼓励他，说："妈妈觉得你很棒，上一个拼读很正确，而且声音这么响亮，下一个拼读一定会更棒。"被赞赏之后的他越来越自信，读的声音越来越大，注意力越来越集中，很快他会拼读了，并且两音节拼读之后他愿意尝试三拼音节。"你好棒，好努力啊！你这么努力，妈妈也要向你学习，我们一起努力。"又一波赞赏之后，儿子脸上洋溢着自信的微笑。

　　我想，不管是父母还是老师，在陪伴孩子成长时，都希望孩子能更加阳光、健康、快乐、自信，那么就请不要吝惜我们的语言，给予他们更多的赞美，让他们拥有一个健康快乐的童年。

十六　我是一个妈妈

　　我是一名幼儿园老师，也是一名妈妈。从2015年到现在，从事幼儿园工作已有7年，这期间有很多快乐，也有很多烦恼，时常让我控制不住自己的情绪。不管是在生活中还是在工作中，我相信每个幼儿教师都会遇到一些难题，所以难免有点不良情绪。但是，面对幼儿，我们要学着自己消化不良情绪，做好自我转变。

　　记得高校长初到我们学校时，她非常肯定和认可我们的工作，让我们在工作中也增加了很多信心。她很关注我们对工作的态度，也很重视我们对孩子的态度，常说："幼儿工作的核心是爱。假若老师的心里少了爱，那她肯定不适合留在这里。"我对这句话感触特别深，一直把"爱"贯穿工作的全过程。在孩子伤心难过时，握住他的小手，给他温暖与安慰；在孩子取得进步时，伸出大拇指或拍拍他的小脑袋，给予赞许与鼓励；在孩子遇到挫折气馁时，那就蹲下来，与他顶顶脑门、碰碰鼻子，让他在老师爱抚的眼神中找到自信。

　　工作中，我是很多孩子的妈妈，生活中，我也是妈妈。做了很多年很多孩子的"妈妈"后，我发现生活中做妈妈更难，我不知道怎样去爱自己的孩子，怎样爱他才是正确的引导。后来，高校长给我推荐了几本书，让我从书中学习如何做一个好妈妈。

　　高校长公众号里的一篇短文《两个女人的对话——爱的语言之

二》，上我感触颇深。读过那篇文章后，我还把文章里提到的那本书《爱的五种语言》买回家看了，看完我才明白，原来自己很幸福。不只是在工作中，在生活中，我的家庭也充满了爱，现在的我很满足、很快乐，我的孩子生活得很幸福！

通过读书，我深刻地认识到，人与人之间最重要的就是信任、理解和尊重。信任、理解和尊重不分年龄，孩子虽小，但也是独立的个体。所以，与家人、与朋友、与孩子，如果能做到彼此信任、理解和尊重，我们就一定是幸福的人。生活中最简单的美好，往往就是脸上有微笑、心中有阳光、眼里有风景。

十七　恰如其分的爱

读过高校长的很多文章，脑海中频频出现一个词"恰如其分"，恰如其分的理解，恰如其分的支持，恰如其分的爱。很多时候我在想，我读过那么多书，明白那么多道理，为什么一遇到事情依然处理不好，或许缺的就是"恰如其分"。

从事幼儿教育这么多年，遇到过各种各样的家长，带过很多孩子。记得最初的几年里，刚接触孩子时很茫然：有的孩子裤子提不好，我直接帮她整理；有的孩子不会画画，我会直接说"在这里画个这么大的圆就行"；有的孩子吃饭太慢，我就直接蹲下来喂。我越是忙碌，孩子们越是依赖，似乎什么事都在等着我。现在想想，如果当时我有足够的耐心，对他们进行适时的引导，恰如其分地管住自己的嘴和手，一定会是别样的风景。

记得有一次室外活动，有一个小朋友跑过来对我说："老师，帮帮忙！"我一看，原来他的球卡在小推车和摇摇马中间了。我跟他走到小推车旁边，试着让他自己想办法，于是对他说："怎样才能把球拿出来呢？"小朋友带着疑惑的眼神看着我，问："球被小推车挡住了，怎么拿呀？"于是，我顺势引导他："小球被什么东西挡住了？你看看能不能先把它拿走？"他观察了一下，便把小推车推走了，然后成功地拿到了球，很开心。

通过这个小事件，我发现，在日常生活中教师应学会恰如其分地示弱，不能有求必应，要让孩子学会自己动脑思考、自己动手探

索。这样，孩子在思考和探索中才会有意外的惊喜和收获，才能增强他们的自信心，培养他们解决问题的能力。

狼孩的故事证明了环境对人的塑造作用，环境能够影响人，也能够改变人。一个人若生活在积极向上的环境中，就会变得积极乐观；若生活在平庸消极的环境中，可能变成一个多愁善感的人。知识和才能不是与生俱来的，而是人类社会实践的产物。遗传为孩子的发展提供了可能，但环境使这种可能变成现实。

在日常生活中，班级中每个孩子的成长过程都是不同的，那么我们如何能及时发现孩子的变化呢？每个孩子都有每个年龄阶段的特征，都有其自己的敏感期。在陪伴孩子成长的过程中，我们不仅要促进幼儿的全面发展，也要接纳他们的个体差异。在读高校长有关敏感期的文章时，有一个新的感悟：如果时间到了，孩子的敏感期没到，是孩子出问题了吗？不是的。孩子是一粒种子，他们会发芽生长，只是有的需要等待一个冬天，也许有的并不开花，那是因为他是一棵大树。

我们要尊重孩子的成长规律，让其循序渐进，不能揠苗助长，也不能过度放任自流。有的孩子三岁就能熟背唐诗宋词，有的孩子五岁说话依旧口齿不清，有的孩子四岁可以计算20以内的加减运算，有的孩子五岁数数不过20，等等，但凡事都有他们自己的节奏，就如齐白石的画是大器晚成，骆宾王的诗是天资聪慧。所以，我们要耐心一点，给予他们恰如其分的等待、支持、理解和关爱，不要随意扰乱孩子的成长节奏，让他们按照自身的成长规律前行。

有人说，陪孩子成长就是一场修行，一路走来，不是我们成就了孩子，更多的是孩子成就了我们。所以，我认为，陪伴孩子成长好似陪蜗牛散步，要慢下来跟着孩子的节奏走，我们才能发现沿途的风景如画。

十八　被"看见"的力量

　　孩子是一粒种子，老师是辛勤的园丁。只有幸福的园丁，才能培育出幸福的孩子。之前对这句话没有特别的感触，遇到高校长后，她总是能给我正能量的指引，时刻关注着我的情绪，指导我更好地培育孩子。她说，真正关心孩子的人要从细节上为孩子着想。

　　作为老师，我要努力去感受孩子的情绪，要能看得见孩子，认可孩子。于孩子而言，能被老师关注到、被理解、被认可，是一股多么强大的力量。在高校长的引导下，通过读书，我加强了对这股力量的认识，不断地总结，并应用于教学实践中。

　　从事幼教工作十余年，可能是因为没有接触过其他行业，所以总是不满足于现状，而对其他行业抱有美好的幻想。又或许是因为幼教工作日常琐事较多，不只是面对一些孩子，还要面对孩子身后的家长。前几年，自己家的孩子很小，我是上班带娃，下班也带娃，不好的情绪慢慢积攒到一个点，我就崩溃了，什么都不想做，只想辞职。高校长知道了以后，主动找我谈心，帮我纾解心中的郁闷。

　　但高校长的一席话，彻底让我改变了辞职的决定。她说："为什么要让自己那么累呢？考虑这个考虑那个，唯独没有考虑过自己。"她还说："工作上解决不了的事，还有园长，还有我呢！我就是你的后盾，你不用一个人扛着。照顾孩子，考虑家庭，是应当的，但要

照顾好自己！先学会爱自己才能有能力爱他人，自己都照顾不好怎么去照顾别人呢？"听完这些话我瞬间泪奔了。高校长还说："要是自己决定好了，想好了，可以去尝试着做别的工作。"当我听到这句话的时候，心里的那种情绪真的无法用语言表达，那种被认可、被理解的感觉跟着泪水涌上心头。有一个人能站在我的角度去考虑问题，照顾我的感受，理解我的苦楚，我心里感觉很幸福。那一刻，高校长知道我需要什么，那一刻，我被"看见"了！我想说，被理解、被认可、被"看见"的感觉真好，它比任何说教都有用，它是那么的温柔，却能给人无坚不摧的力量！

从那以后，我时刻把这种力量藏在心底，也更加懂得了如何要站在孩子的角度去处理问题，去理解他们的感受，去认可他们的想法。

有一次，有一个小朋友把另一个小朋友打了，被打的小朋友没有哭，反而打人的小朋友哭得很伤心。然后我把两个小朋友都抱到怀里，问打人的小朋友："你把别人打了，人家都没哭，你怎么还哭了啊"？

他告诉我说，因为那个小朋友抢了他的玩具，然后我说："因为他抢了你的玩具，你很伤心，对吗？要是别人抢了我的玩具，我也会很伤心的。"说完这句话，小朋友的哭声变小了。

我接着说："怎么能抢别人的玩具呢？想玩可以商量一下，交换着玩，不能抢别人手里的玩具，对不对？"这时，打人的小朋友就不哭了，嘴里念叨着："对，不能抢玩具。"

于是，我转过头来，问那个被打的小朋友："你喜欢那个玩具?"他点了点头。我说："这个玩具是很好玩，我也很喜欢玩。"

他瞪大眼睛看着我，我接着说："可是它被别人先拿走了，那我是不是可以等别人玩完了，再拿来玩呢？或者跟他交换着玩，也可以跟他商量商量一起玩，对吧?"小朋友点了点头。

最后，两个小朋友互相道了歉，拥抱了下，一起开心得去玩了。

拥有幸福的老师会把幸福带给孩子，拥有力量的老师会把力量传递给孩子。我们要试着去理解孩子的感受，去"看见"孩子、认可孩子，让孩子感受到这种信任的力量。我相信，这种力量也会在他们小小的身体里生根发芽，直到长成参天大树，然后再把这种力量传递下去，温暖更多的人。

十九 一切都是最好的安排

回想这几年的心路历程，我觉得总结为这一句话最为贴切：该来的，都在路上，一切都是最好的安排。

从参加工作，到结婚生子，是匆匆两年之内的喜事连连。一夕之间，我的角色从刚离开家的小女孩，进阶式地转变成了老师、妻子和母亲，似乎一切都得偿所愿。然而，我所要面对的一切情形都是未知的。对于当时的我来说，这些角色转变的过程，是一个磨炼不断、痛苦不断的过程。遇事焦虑、胆怯、爱发脾气，许多情绪都难以消化，让我有一种身在福中不知福的错觉。当时的我，陷入了一个"窘境"。我想摆脱这种状态，于是开始了我的"破局行动"。

我关注了高校长的公众号"走进心里走近你"，开始学习她的教育理念，尝试开启"幸福的生活，幸福的工作"模式，并将这份力量和信念传递到我的工作和家庭中。

教育是心与心的交流，爱与爱的回馈。踏入幼师行列也有三四年了，听前辈教师说："你的工作做得是否好，在接待孩子入园时看看孩子的表情就能知道。当孩子看到你时，眼里充满了欢喜，你就合格了；若孩子是一脸的不情愿，那你就该反思了。"

疼爱自己的孩子是本能，而挚爱别人的孩子是神圣。这种圣洁的爱是教师培桃育李的感情基础，孩子一旦体会到这种真挚情感，就会亲其身，近其教，从而信其道，那么我们的教育任务也会顺利完成。这不就是心与心进行交流与反馈的结果吗？

现在遇到孩子的问题时，我学着从心入手，换位思考，去理解孩子、看见孩子。有一个刚转到我们班的小男孩，总是喜欢到教室外面跑，或者趴在窗户上往外看，有时候一个人在教室里游荡，不如意时还会发个小脾气……每次去提醒他，他都非常敏感、非常抗拒。后来我发现，其实他的内心渴望一种关爱、一份理解、一个允许、一个赞赏。

有一次，他又一个人在走廊里走来走去，嘴巴里不停地嘟囔着什么，眼睛里还泛着泪光。原来，是他先跑了出去，老师把他叫回去，他不情愿地回到教室。可能因为他有情绪，非常激动，竟然要动手打老师，当时有个小朋友突然喊道"我要告诉你妈妈"，所以他哭得更凶了，直接摔门出去，又跑到走廊上了。我在思考，他有这种行为是不是有其他原因？他的哭说明了什么？为什么提到他的妈妈，他的情绪更激动了呢？

刚开始，我没有去责备他，而是摸着他的后背，陪他发泄自己的情绪。待他情绪平稳后，我问："发生了什么事？能和我说说吗？"我看着他，他却不敢看我，根本没有勇气说出来。我接着说："每个小朋友都会犯错，犯错正常，是允许的。但你要知道这样做是不对的，我们知道错误，然后改正错误，即使妈妈知道了这件事也没有关系。因为你可以和妈妈说清楚，以后不会再犯同样的错误了。"他听后，情绪逐渐平静下来，并大致和我说了事情的经过。我没有想到，一件小事能让他的情绪产生这么大的波动。我也意识到，这个孩子太敏感了，需要我们呵护，需要我们真正去了解他行为背后的原因。

不管是成人还是孩子，我们都渴望被看到、被理解、被关爱，我希望拥有并能传递这份能量，在学习中不断强大自己。不论在工作中还是家庭中，我也发现幸福感都取决于自己的心态！

因为刚好遇见你，一切美好都显得那么顺其自然。这让我更加坚定了心中的信念，我拥有一份完整的美好，我要身在福中便知福。如果把人生的各种经历当作修行、磨炼，那么成就自己，一切都会水到渠成。让我们撕掉禁锢的标签，摆正心态，快速成长。

每一个人都是一粒种子，而人生教练的作用就是让我们相信自己拥有长成参天大树的潜能，并且愿意激发我们的无限可能性。感恩这份相遇，让我有信心和力量写下对生活的美好期许！

二十　生命自由成长的力量

说到读书写文，高校长有一篇文章叫《家庭教育的最大危机是"没有危机"》，读后我深受启发。

文中有一句话："除非你懂得孩子成长是有规律的，使用正确的理念和方法，孩子才能如你所愿或是超你所愿地发展，否则，你就是挑战孩子。"传统的教育模式中，往往要求孩子要守规矩，要听从安排，过于干扰孩子的生活交际圈。经济在发展，科技在创新，教育也在跟随时代进步的步伐。我们要给孩子提供一个足够大的自由发展空间，引导他们形成正确的价值观，提高他们的创新能力，增强他们的挫折承受能力。

高校长那篇《那个想找姐姐的小男孩》的文章，事件起源我很清楚，读来受益匪浅。那是小班刚开学时，我被分到了小一班，发现有一个小男孩不吃不喝、不说话、不做游戏，就一直站着，脸上写满焦虑和害怕。刚入园的孩子会有入园焦虑比较正常，但是他面对自己最喜欢的玩具也无动于衷。

已经过去很多天了，长期这样下去可不行，面对这个孩子出现的问题，我开始思考："如果他是我的孩子，我会是什么心情？我应该从哪方面入手，帮他调整心情？我应该如何解决这个问题？"

孩子时常哭着说找妈妈，我便告诉他："你妈妈一定会来接你，

放学的时候你妈妈一定会在学校门口等你，我向你保证！"

于是，每天放学的时候，我都指着他的妈妈说："你看，你妈妈来接你了吧，老师没有骗你。"我觉得首先要让他有安全感，让他知道在幼儿园是安全的，他的妈妈一定会接他回家。

但是第二天，他还是很执拗，依然是昨天的状态。我开始尝试转移他的依恋对象，把他的关注点从妈妈转移到老师身上，可是以失败告终。有时候我在想：我的教育方法是不是不正确？是不是就应该让他多花点时间去适应幼儿园？过一个学期就会好起来？可是每次户外活动，他都是独自一人站在滑梯旁边看着其他孩子玩，看着他无措的样子，我心里不是滋味儿，很心疼他。有一次，这样的一幕恰好被高校长看到，于是有了她文章里那句"真的要去找姐姐吗？"。

在高校长的帮助下，小男孩的问题得以解决，我心里非常感激，主要是因为小男孩适应了幼儿园生活，我心里的石头也放下了。高校长告诉我："孩子是很简单很单纯的，只要满足他的心理要求，真正地懂他，倾听他，他对你就会产生依赖，他心里的种子就会发芽。作为教育工作者，我们要做辛勤的园丁，小心地呵护孩子、爱护孩子。我们的心里装满爱，孩子才可以感受到，才会更信赖我们。"那篇文章里还写道："和孩子在一起，真的要懂得孩子的内心需求。孩子越小越表达不出自己的需求，这就需要老师和家长用心去聆听，用心去感受，满足他的内在需要。孩子的感情和情绪一定要让他彻底表达出来，当他被理解了，被人懂了，心里也就顺畅了。遇到这样的事情，不能避而不谈，或是一味地转移他的注意力，堵住他的情绪，有时候有些事可能暂时管用，但没有从根本上解决问题。这让我想到了大禹治水，是不是同样的道理，情绪易疏不宜堵。"

作为幼儿老师，我是幸福的，我要努力让孩子感觉到，遇到我

210

他们是幸福的。我想，一个生命对另一个生命表达关爱的方式，首先是尊重，而不是改造。我们要相信生命自由成长的力量，静待花开。

二十一　长大和成长

　　幼教工作忙忙碌碌，每天充满惊喜与挑战，人生就是要这样默默耕耘。当真正步入幼师行业，我深深地感受到教师职业的崇高，责任的重大，然后对这份职业的热爱与日俱增。

　　在与孩子们朝夕相处的日子里，有喜有悲、有累有汗，但更多的是欢乐。这份欢乐是孩子们带给我的，我爱孩子们，孩子们也爱我。也正因为我们彼此有爱，所以满心欢喜，这加深了我对孩子们的责任感，增强了我对职业的敬畏感。

　　用心从事幼教工作的法宝是：假如我是孩子，假如是我的孩子。这样的情感让我觉得，只要我们用自己的真心去爱孩子，那么孩子一定回馈你更多的爱。

　　每年小班刚开学的第一周，我都是在小朋友们的哭声、笑声、吵闹声中度过的。有不少小朋友，第一天情绪很激动，不停地重复找妈妈、找妈妈，我就抱抱他、安抚他，给他足够的安全感。大多数小朋友第二天来的时候，他们的表现明显好于第一天，甚至还会来找老师聊天，让我也从中感受到一些温暖。原来不只是孩子们要适应新的环境，熟悉老师，老师也要快速适应他们，熟悉他们。等孩子适应了新环境，老师应该做的就是鼓励孩子，相信孩子，陪着他们成长。陪伴孩子一起成长，不仅是一件幸福的事，也是见证他们成长奇迹的过程。

开学过去一个月了，小朋友们都有了各自的好朋友，不哭不闹了，吃饭不让喂了，玩具一起分享了，都能找到属于自己的小椅子、小柜子、小杯子……在幼儿园的日子里，每天最快乐的时光是"开火车"。"开火车"就是小朋友们排好队，跟在老师身后，两个小胳膊转动起来。刚开始我们在教室里开，后来在走廊里开，慢慢地，我们去宽阔的操场上开。长长的小火车，开得越来越有序，小朋友们的表现越来越棒。

过去的四年，在孩子们的成长过程中，作为老师的我也在不断地成长。通过不断地努力学习和总结，我也慢慢地积累了一些工作经验和育儿技巧，并学着去感受生活里的点点滴滴。

第五章 分享收获的故事

二十二　嗨

对一个人的初印象是很有意思的一个思考点。其实，人和人的认识过程很简单：以主观意志结合一面之缘为出发点，在接触交流的过程中产生好奇心，在平凡生活中不断求证、探索个性，最后得出结论"哦，原来这个人是这个样子"。

"挽起袖子，说干就干"，这是刚认识高校长时她留给我的第一印象。而这种印象的起源大抵是因为，高校长做事雷厉风行且非常自信，初到新的工作岗位便开始大刀阔斧地作改变。事实证明，她这种豪情万丈的做事方式很能带动老师们的工作热情。

所谓自信，是指能对自己的能力水平有明确的认知，并能在实际应用当中毫无保留地展现，大大方方、不卑不亢。这种与生俱来的正面自我强化意识，令人十分感慨和羡慕。我是一个做事容易拖沓的人，做事之前往往考虑很多东西，无论会不会发生，总要杞人忧天地先考虑到位。在一些人看来，或许我是做事周全；但在我自己看来，我这样的做事风格只会影响做事效率，徒增烦恼罢了。

作为老师，要珍惜自己的职业生命，把正在做的事向着更高的目标前进。教育行业的特殊性使得每一位教育工作者，都必须时刻注意自己的一言一行，时刻敲响警钟。教师需要高度集中的工作状态，这可能会让部分教师感觉压力很大，所以我们要做到心胸博大、坦然面对。

坦白讲，我很羡慕能够坚持做某件事的人，而高校长有一个大写的"韧性"。她在自我提升这一点上，堪称模范代表，喜欢对我们说："要多看书，多学习，多提升，要把优秀变成习惯。"她这种高度的自律性，着实令人佩服。

"人不能两次踏入同一条河流"，所以即使身处的工作环境和我的性格并不相符，我也是抱着既来之、则安之的想法积极面对。很难想象我本身的性格内向，热爱独处，喜欢安静，朋友还总爱打趣说我有艺术家的孤独灵魂，但我还是从事了需要具备良好沟通能力的幼教工作。

记得刚开始接触孩子时，我整个人就是处于一种焦头烂额的状态，满脑子里都是"他们怎么和课本里说的不一样啊"！这样的想法伴随了我的整个适应期，那时经常手足无措到只差以泪洗面。从有一点"风吹草动"人就会崩溃，到自然地和家长沟通，我用了整整一年时间。在那段时间里，仅靠自己的疏解能力是很难面对这一切的，高校长曾对我说："要养成提升自己能力的习惯。"所以我重新找回了画画的爱好，以此缓解心中的压力，事实证明做擅长的事果然会感觉到快乐。

"光明道者听骂名，长夜路人闻赞歌。一个人如果可以做到不在乎别人的眼光，做真实的自己，狂放却不狂妄，看清自己的短板，能接雷霆雨露、霜雹烈日以补瑕疵，那就算是成功了。"我始终把这段话作为座右铭，却又始终无法做到。有人会夸我做某件事有天分或是做得好，我却总是无法坦然面对褒奖，反而更能听得清他人议论自己不过尔尔。"可以满足，不要膨胀；可以自省，不要自我否定"，这是家里一个长辈送给我的一句话，我也将铭记并为之努力，希望有一天能成为优秀的人。

人一生要遇到很多人，有的人只是萍水相逢，有的人则要陪伴一生，还有的人会成为重要的转折点，我对与高校长的相遇始终保持一种朦胧的情感，我不知该称为感激还是感恩。在成为幼儿园老师之前，我做过舞蹈演员，做过舞蹈老师，教过美术，但总说不清自己擅长什么，或是热爱什么？只觉得人生的聚光灯好像照亮了别处，而我始终是在摸索中前行，但高校长是我昏暗道路上的一盏明灯。

这一年，时光匆匆，美好如初，我收获了很多，做事更妥帖，做人更真诚。我热爱生活，热爱自己的职业，想要成为更好、更优秀的自己。

回忆发生过的点点滴滴，在快节奏的生活中，我们可以偶尔慢下来，静静地思考。

二十三　感谢有你

高校长的公众号"走进心里走进你"里的每一篇文章，我都认真地阅读过，从中看到很多，悟到很多，学到很多，并运用在工作和生活中。通过学习，我不断地增强自信，努力成为一个能超越自己的人。学习是快乐的，是打开人生之门的一把钥匙。

我的女儿是一个超有主见但又不善于表达的女孩。自从我上班开始，她变得更加黏人，遇到任何事都不敢表达出来，只是一味地哭。很多妈妈都有体会，孩子一哭就会让人心烦，尤其是孩子一直哭，根本听不进去任何话，很难哄好。她上幼儿园时，经常因为早上要穿哪件衣服而哭闹，也会因为一时心情突然说不愿意去上学而吵闹。读了公众号里《这样做，孩子会原谅我们》的文章，我试着改变我的育儿方式。面对孩子的哭闹我会先让她哭，想哭就哭吧，待她情绪宣泄出来，我再慢慢跟她聊天，让她把自己的想法说出来，然后再寻找解决问题的办法。

在生活中，在家庭教育上，父母必须要做到和谐统一。首先父母要互相包容、互相理解、互相信任、互相鼓励、互相称赞，起到良好的言传身教的作用，如爸爸负责买菜做饭，妈妈负责孩子的学习。吃饭的时候，妈妈夸赞爸爸的手艺越来越棒。孩子写完作业，爸爸会夸赞孩子的学习效率越来越高。高校长在《父母完美配

合——他们做到了》中提到，一家人要坐在一起聊聊天，真正做到言传身教。但是，面对快节奏的生活，父母要创造机会，努力为孩子营造良好和谐的家庭环境。因为家庭是孩子出生的摇篮，是孩子的第一所学校，是孩子最早的课堂，而父母是孩子的第一任老师。

现在我的女儿是一名小学生了，每天下午接她放学，我们就像好朋友一样一路上说说笑笑，谈论着她在学校里发生的趣事，计划一下晚上学习的事情。记得刚上一年级时，女儿学拼音很吃力，读的时候张不开嘴，授课老师找我反映情况，让我在家多引导多督促，否则跟不上学习进度。以前遇到类似的情况，我会不分青红皂白，先把孩子训斥一顿，现在，随着头脑中教育理念的增加和更新，我能比较客观冷静地看待问题、处理问题。那天晚上，我先是跟女儿聊聊天，问她："是不是感觉读一年级了，学的东西多了、快了，小脑袋不够用了？"女儿朝我笑了笑，我接着问她："那怎么办？"我试着把问题抛给她自己。后来，我还向高校长作了咨询，她告诉我，首先要给孩子一些肯定和鼓励，让她学着自己的事情自己做主，尝试弄清楚问题的原因在哪里，然后寻找解决问题的办法。

通过读书学习，我发现生活中经历的每一个问题、每一个情景，都让人有不同的体验，都令人回味和着迷，仿佛看到了知识海洋中闪烁着智慧的光芒。

在教育的路上，我们要不断地更新教育理念，探索教学模式，创新教育方法，然后更好地了解孩子，走进孩子的内心，帮助孩子健康快乐地成长！

二十四　一路向前走

从事幼儿教育工作已有十多年了，刚入行时，我还是一个懵懂的、初入社会的少女，如今，已经成为两个孩子的妈妈。十年来，和每一批孩子的家长都相处得很好，和每一个孩子都能成为朋友，这是我作为一名幼儿教师所收获的成果，也是我十几年来始终为之努力的目标和鞭策我积极向上的动力。

认识高校长已有一年半多的时间，她为人善良、豁达、性格开朗，虽是领导但更像是一个知心大姐姐。她的教育理念和工作方法与时俱进，让我受益匪浅。

作为幼儿教师，我们对待孩子一定要温柔理性，及时关注孩子的心理，不能随意大声呵斥孩子，不能高控、严控孩子，要让孩子尽情地释放自己的天性，快乐地玩耍，开心地运动，坚决杜绝小学化。

去年暑假，我和一个朋友吃饭。席间，他问我："你家米米现在学什么？"我回答："她这么小，哪开始学习呀。天天只知道玩，最近喜欢剪纸，喜欢看恐龙书，为此我给她新买了一套恐龙绘本，而且每晚都缠着我给她一遍一遍地读。"

朋友看了我一眼，疑惑地问我："她不能自己看吗？不认识绘本上的字吗？"我接着说："这么小孩子，都是我给她读，大部分字都

不认识，就认识几个简单的字。认识的字也不是我教的，还是她听我读，自己从绘本上自学到的呢。"

朋友不可思议地说："你还是做教育的呢，自己的孩子怎么不抓紧时间呢，都多大了，还不快教她认字。"我告诉他："孩子认字的敏感期大约在四到五岁，也就是中班和大班的时候。她现在不想学，我也不想强迫她，她有时问我一个字是什么，我就告诉她。以后再看到重复的字，有的记住了，有的忘记了，不过那也没有关系。"

朋友听我这么一说直摇头，说："我家女儿从两岁开始就学习古诗和《三字经》，现在她三岁半了，能熟读《三字经》《千字文》《弟子规》，唐诗宋词能背 100 多首，字能认 1000 多个，50 以内的加减法都会，每天晚上回家要陪她学习半个小时。"

我反问朋友："闺女现在这些都学会了，上小学后干什么？"朋友说："上学后还要继续学习别的呀！毕竟现在是知识型社会，如果现在不及时学，上学后肯定跟不上。"

在一些家长看来，衡量一个幼儿园好坏的标准是孩子在幼儿园认识了多少字，会背多少诗词，能做多少道算术题。为了不让孩子输在起跑线上，我的朋友过分注重孩子的知识技能，多少忽略了孩子在健康、语言、社会、艺术等领域方面的发展。

朋友的话，一时让我想起了高校长对我们说过的话。家长对学前教育的重视程度不断提高，但有的家长缺乏正确的教育观念和科学的引导，牺牲了孩子快乐的童年生活，盲目追求"提高学习""超前教育"。这样做不仅让幼儿"伤"在了起跑线上，也严重干扰了幼儿园的办园方向和正常的教育教学秩序。

《3—6岁儿童学习与发展指南》是一本能够为广大家长科学育儿提供权威性参考和指导的书，幼儿教师需要熟读、熟记于心，幼儿的父母也需要认真阅读学习。一本优秀的教育指导类书籍，不仅能够切实转变父母的教育观念和提高科学育儿能力，更能帮助我们创设有利于幼儿健康成长的环境。

近些年，心理学的相关知识在教育界应用得越来越广泛。作为幼儿教师，我们要学会从心理学的角度告诉家长，如何与孩子交朋友，如何在教育孩子的过程中更好地走进孩子心灵的深处。我一直关注高校长的公众号"走进心里走近你"，里面分享的心理学小故事既生动形象，又富有教育性，取材自身边的生活，常使我感同身受。

比如，我们在教育孩子时，应该更多地关注孩子的需要，而不是把我们的需要蛮横地强加给孩子，强迫他们满足家长的想法。又或者孩子需要我们的赞美时，我们应该多给孩子的心灵世界补充爱，及时地赞赏……每次阅读完这些小文章，我都会进行深深地反思。我对我的两个女儿是不是有过类似不当的行为？在学校里，面对我的孩子们，我是不是做得还不够好？

正所谓"学而不思则罔，思而不学则殆"。我每天带着快乐、诚挚和认真的心情学习和工作，逐渐变成一位温和且有力量的妈妈。

后　记

编写本书，是我人生成长的一个重要阶段，在这里我非常感谢帮助我成长的所有人。

感谢我的领导及同事们在工作中给我的帮助、指导和建议。经同意，我将一些老师分享的工作总结和心得体会重新编撰整理，放在了本书中。特别感谢王薇、潘晓、山传淑、叶琳、万朝霞、孙晓娣、苗丽华、李静、孙冰、袁雪、许璎凡、张霞、张守娟、王艳、郑芳丽、王文慧、刘兆敏、陈丹丹、李许瑶、徐晓慧、徐小凤、张洛宁、张雪梅、张一帆，她们用真诚和努力，为本书增添了丰富、精彩的内容。

感谢我的学生，他们是天使、是精灵，是他们让我在教育的道路上不断修正，不断改进和提升。

感谢人生路上的亲朋好友，给了我莫大的支持和鼓励。

感谢陈咏为本书提出了宝贵的修改意见。

感谢《哺喂孩子的心灵》的作者孟迁老师的鼓励、支持和帮助。

感谢我的家人给予我坚强的后盾，默默为家庭付出，让我把更多的时间和精力放在本书上。

感谢我的两个孩子，他们是我写作的动力和思考的源泉。

感谢读过的优秀作品及作者，他们提升了我的教育理念，扩展

后
记

223

了我的认知范围，转变了我的思维方式。

感谢广大读者朋友们的信任与支持。如果这本书对您有帮助，就是我最大的快乐，也希望您更加热爱学习，用更好的理念与方式与孩子相处，给予孩子更好的爱和陪伴，让孩子成人成才，为国家乃至全人类作出更大的贡献。

还有很多朋友，在这里就不一一细数，把这一切的感恩放于心中，化作成长的动力，回馈于社会，希望帮助更多家长提升教育理念、改变教育方式，少走一些教育的弯路。

祝福孩子们更加健康幸福地成长！